JN017227

韓国語が1週間で

いとも簡単に話せる

ようになる

本

はじめに

안녕하세요？ （アンニョンハセヨ？）

　韓国旅行で、韓流ドラマで、K-POPの歌を聴きながら、「何を言っているのかな？」と知りたくなったら、「韓国語の勉強を始めるタイミング」です。

　本書は、7日間に渡り、韓国の文字や発音、言葉、基本のフレーズを学習していくというものです。
　難しい文法は極力控えて、最小限にとどめていますので、音声を繰り返し聞いて、発音や言葉のリズム、言い回しに慣れていくことをお勧めします。

　そして、できれば聞きながら（音声を止めずに）まねてみましょう。これは同時通訳の練習でも使われる技法で、「シャドーイング」と言います。つまり、聞きながら1/2テンポぐらい遅れて自分の声を出すということになりますが、構文を覚えるだけでなく、ネイティブの発音やイントネーションをつかむ上でとても効果的です。

　それぞれのフレーズにはルビがふってありますが、外国語の発音をカタカナ表記することは限界があるので、ルビはあくまで参考程度になさってください。

　言葉以外にも韓国について少しでも知ることができればと、韓国の文化やSNS用語などをコラムに収めましたので、合わせてお読みください。
　本書が、初めて韓国語を学ぶ方にとって頼もしい相棒となれたら幸甚に思います。

李明姫

目　次

2日目　基本構文（1）

3日目　　基本構文（2）

4日目　　基本構文（3）

＜付録＞ 基本単語

音声について

下記を収録しています。

1日目

18 〜 33 ページの「発音について(1)(2)」「基本の言葉(1)〜(4)」の単語を読んでいます。

2〜6日目

それぞれ「基本フレーズ」の例文を「韓国語→日本語」の順に読み、「基本構文を使って言ってみよう」の例文を「日本語→韓国語」の順に読んでいます。

7日目

各シーンのフレーズを「日本語→韓国語」の順に読んでいます。

明日香出版社のホームページにアクセスして音声データ
(mp3 形式) をダウンロードしてください。
パソコン、携帯端末で聞くことができます。
https://www.asuka-g.co.jp/dl/isbn978-4-7569-2356-1/

※本書は『CD BOOK 韓国語が 1 週間でいとも簡単に話せるようになる本』(2019年発行) の音声をダウンロードできるようにしたものです。

※音声の再生には mp3 ファイルを再生できる機器などが必要です。ご使用の機器、音声再生ソフトなどに関する技術的なご質問はメーカーにお願いいたします。音声ダウンロードサービスは予告なく終了することがあります。

※図書館ご利用者も音声をダウンロードしてご使用できます。

※本書の内容、音声に関するお問い合わせは弊社ホームページからお願いいたします。

1日目

韓国語について

☆ 韓国語とは？

···**ポイント解説**·····································

　日本では、韓国語・朝鮮語・ハングルという3つの表現が使われていますが、「韓国語」は現在韓国で使われる言語、「朝鮮語」は朝鮮民主主義人民共和国や中国の朝鮮族の言語、あるいは韓国語をも含めた言語というふうに使われています。

　また「ハングル」は、国際関係上「韓国」や「北朝鮮（朝鮮民主主義人民共和国)」という特定の国の名を冠することを避けるために、**共通の文字**であるハングルを用いた便宜上の表現と言えます。

　韓国と北朝鮮、中国の朝鮮族の言葉は、基本的には同じ言語ですが、語彙・イントネーション・言い回しでは違いがあります。
　本書においての語彙や発音は韓国の標準語（ソウルの言葉）を基準としています。

●韓国語の語彙

　韓国語の語彙は、「固有語」「漢字語」「外来語」で構成されます。

＜固有語＞

　固有語は、韓国固有の言葉で、日本語で言えば和語のようなもの。物の名前や擬声語・擬態語・助詞、活用語尾（〜です・ますなど）があります。

＜漢字語＞

　漢字語は、文字通り漢字で表記できる単語で、中国や日本から入った単語や韓国で作られた単語があり、韓国語の語彙の約半分を占めると言われています。ちなみに韓国語での漢字は日本語のような訓読みがなく、すべて音読みです。

　例えば「都市」は「도시（トシ）」、「道路」は「도로（トロ）」など、日本語とほぼ同じ発音の単語もあり、日本人にはとっつきやすい言語と言えます。

＜外来語＞

　外来語は、漢字圏以外から入った言葉で、日本においてカタカナで表記される言葉です。ハングルは表音文字なので外国語の原音を忠実に表記していると思われがちですが、実は言語ごとに外来語表記の規定があり、この規定は綴られる文字をベースとしているため、原音とは少し異なることがあります。日本語のカタカナ表記ともかなり違うので注意が必要です。

●韓国語の表現－敬語・丁寧表現・タメ口

　日本語と同じように、韓国語にも「敬語」「丁寧表現」「タメ口」があります。話す相手との関係、つまり、年上か年下か、親しいかそうでないか、また、公式の場面か否かで語尾の表現が変わります。

　「行く」가다（カダ）という単語を例にして違いを見てみましょう。

＜使う場面＞

〔友達同士〕	行くよ。行くね。	간다. 가. カンダ　カ
〔少し年上の人に〕	行くよ。行くね。	가요. カヨ
〔ニュースで〕	行きます。	갑니다. カンムニダ
〔目上の人に〕	行かれます。	가십니다. カシンムニダ 가세요. カセヨ

同じく疑問文では、次のようになります。

＜使う場面＞

〔友達同士〕	行く？	가? 가니? カ カニ
〔少し年上の人に〕	行きますか？	가요? カヨ
〔ニュースで〕	行きますか？	갑니까? カンムニカ
〔目上の人に〕	行かれますか？	가십니까? カシンムニカ 가세요? カセヨ

　ここで「少し年上の人に」という場面がいわゆる通常の丁寧語です。知り合って間もない間柄、同年配の人に対して使います。子供に対して、また子供同士だと基本的にタメ口を使います。

15

☆ 韓国語の文字「ハングル」

••• **ポイント解説** ••••••••••••••••••••••••••••••••

ハングルは1446年、朝鮮王朝4代目の王であった世宗大王の命により制定され、世界で唯一作った人、広めた時期が明確な文字です。

ハングルは表音文字で、子音＋母音を組み合わせて表します。パソコンで日本語をローマ字入力するのと同じ仕組みです。

ハングルの子音は19種、母音は21種、パッチムは27種あります。この子音と母音を組み合わせると11,172字となりますが、そのうちの約30％が実際の使用文字となります。数はちょっと多いですが、法則がわかれば難しくありません。

●ハングルの形

ハングルは英語の綴りのように横に並べるだけでなく、立体的な組み合わせがあります。

組み合わせは大きく 子音＋母音、子音＋母音＋子音（パッチム） があり、母音の置かれる位置によって、横型、縦型、囲み型があります。

① 子音＋母音		② 子音＋母音＋子音（パッチム）	
〔横型〕	ka 가	kang	강
〔縦型〕	ku 구	kung	궁
〔囲み型〕	kwa 과	kwang	광

子音			母音			子音（パッチム）					
	激音	濃音	単母音	重母音							
ㄱ	ㅋ	ㄲ	ㅏ	ㅑ	ㅘ	ㄱ	ㅋ	ㄳ	ㄲ	ㄹ	
ㄴ			ㅓ	ㅕ	ㅝ	ㄴ	ㄵ	ㄶ			
ㄷ	ㅌ	ㄸ	ㅗ	ㅛ	ㅚ	ㄷ	ㅌ	ㅅ	ㅆ	ㅈ	ㅊ	ㅎ
ㄹ			ㅜ	ㅠ	ㅟ	ㄹ		ㄼ	ㄽ	ㄾ	ㅀ
ㅁ			ㅡ		ㅢ	ㅁ	ㄻ				
ㅂ	ㅍ	ㅃ	ㅣ			ㅂ	ㅍ	ㅄ	ㄿ		
ㅅ		ㅆ	ㅐ	ㅒ	ㅙ						
ㅇ			ㅔ	ㅖ	ㅞ	ㅇ					
ㅈ	ㅊ	ㅉ									
ㅎ											

17

☆　韓国語の子音、母音

・・・ ポイント解説 ・・・・・・・・・・・・・・・・・・・・・・・・・・・・・・・

●子音

　ハングルの組み合わせは

①子音＋②母音、①子音＋②母音＋③子音（パッチム）で、
①を初声、②を中声、③を終声と言います。

　子音や母音が単独で用いられることはありませんが、基本の子
音については名前があります。初声で用いられた時の音、終声で
用いられた音を表しています。

＜子音の名前＞

ㄱ	キオク	기역	Giyeok
ㄴ	ニウン	니은	Nieun
ㄷ	ディグット	디귿	Digeut
ㄹ	リウル	리을	Rieul
ㅁ	ミウム	미음	Mieum
ㅂ	ビウップ	비읍	Bieup
ㅅ	シオット	시옷	Siot

○	イウング	이응	Ieoung
ㅈ	ジウット	지읒	Jieut
ㅊ	チウット	치읓	Chieut
ㅋ	ッキウック	키읔	Kieuk
ㅌ	ッティウット	티읕	Tieut
ㅍ	ッピウップ	피읖	Pieup
ㅎ	ヒウット	히읗	Hieut

●母音

　単独では用いられないので、通常、子音「ㅇ」をつけて発音します。

＜基本母音＞　　　　　　　　　　※アミかけは重母音です。

ㅏ	ア	아	[a]
ㅑ	ヤ	야	[ja]
ㅓ	オ	어	[ʌ]
ㅕ	ヨ	여	[jə]
ㅗ	オ	오	[o]
ㅛ	ヨ	요	[jo]
ㅜ	ウ	우	[u]
ㅠ	ユ	유	[ju]
ㅡ	ウ	으	[ɨ]
ㅣ	イ	이	[i]

ㅐ	エ	애	[æ]
ㅔ	エ	에	[e]
ㅒ	イエ	얘	[jæ]
ㅖ	イエ	예	[je]
ㅘ	ワ	와	[wa]
ㅙ	ウェ	왜	[wæ]
ㅚ	ウェ	외	[we]
ㅝ	ウォ	워	[wə]
ㅞ	ウェ	웨	[we]
ㅟ	ウィ	위	[wi]
ㅢ	ウィ	의	[ij]

☆　単語で覚える文字と発音

●子音＋母音 （パッチムなし）

赤ちゃん	아기	アギ
子供	아이	アイ
粉	가루	カル
ちょうちょう	나비	ナビ
脚・橋	다리	タリ
ラジオ	라디오	ラディオ
飲む	마시다	マシダ
バス	버스	ボス
焼酎	소주	ソジュ
牛乳	우유	ウユ

席	자리	チャリ
カササギ	까치	ッカチ
カード	카드	ッカドゥ
うさぎ	토끼	ットッキ
波	파도	ッパド
腰	허리	ホリ
菓子	과자	クアジャ
絵画	회화	フェファ
上、下	위、아래	ウィ、アレ
時計	시계	シゲ

●子音＋母音＋子音 （パッチムあり）

キムチ	김치	キムチ
カルビ	갈비	カルビ
ビビンパ	비빔밥	ビビンパ
ユッケジャン	육개장	ユッケジャン
トッポッキ	떡볶이	トッポッキ
ジャージャー麺	짜장면	チャジャンミョン
ラーメン	라면	ラミョン
タッカルビ	닭갈비	タッカルビ
タカンマリ	닭한마리	タカンマリ
カクテギ	깍두기	カクトゥギ
トンチミ〔水キムチ〕	동치미	トンチミ
ホットック	호떡	ホットック

パジョン	파전	パジョン
キンパ	김밥	キンパプ
プルゴギ	불고기	プルゴギ
サムギョプサル	삼겹살	サムギョプサル
ヤンニョムチキン	양념치킨	ヤンニョムチキン
韓国	한국	ハングック
大韓民国	대한민국	デハンミングック
日本	일본	イルボン

☆ 主な代名詞、疑問詞

私・僕	나	ナ
わたくし	저	チョ
あなた	당신	タンシン
	그대　※文語	クデ

ここ	여기	ヨギ
そこ	거기	コギ
あそこ	저기	チョギ

いつ	언제	オンジェ
どこ	어디	オディ
誰	누구	ヌグ
何	무엇	ムオッ
いくら	얼마	オルマ

☆ 位置・方角の言い方

前	앞	アップ
後ろ	뒤	テュイ
右（側）	오른쪽	オルンチョク
左（側）	왼쪽	ウェンチョク
上	위	ウィ
下	아래	アレ
こちら	이쪽	イチョク
そちら	그쪽	クチョク
あちら	저쪽	チョチョク
東西南北	동서남북	トンソナンブク

☆　数の言い方

　数えるときは、漢数詞の言い方と固有数詞の言い方があります。「〜個」「〜人」などの助数詞によって、どちらかが決まります。

●漢数詞

一	일	イル
二	이	イ
三	삼	サム
四	사	サ
五	오	オ
六	육	ユク
七	칠	チル
八	팔	パル
九	구	ク
十	십	シプ
十一	십일	シビル
十二	십이	シビ
二十	이십	イシプ
三十	삼십	サムシプ
四十	사십	サシプ
五十	오십	オシプ
六十	육십	ユクシプ
七十	칠십	チルシプ
八十	팔십	パルシプ
九十	구십	クシプ
百	백	ペク
千	천	チョン
一万	만	マン

●固有数詞

1つ	하나	ハナ
2つ	둘	トゥル
3つ	셋	セッ
4つ	넷	ネッ
5つ	다섯	タソッ
6つ	여섯	ヨソッ
7つ	일곱	イルゴプ
8つ	여덟	ヨドル
9つ	아홉	アホプ
10	열	ヨル
11	열하나	ヨラナ
12	열둘	ヨルトゥル
20	스물	スムル
30	서른	ソルン
40	마흔	マウン
50	쉰	シュイン
60	예순	イェスン
70	일흔	イルン
80	여든	ヨドゥン
90	아흔	アフン
100	백	ペク
1000	천	チョン
10000	만	マン

☆ 月日の言い方

●月

1月	일월	イルォル
2月	이월	イウォル
3月	삼월	サムォル
4月	사월	サウォル
5月	오월	オウォル
6月	유월	ユウォル
7月	칠월	チルォル
8月	팔월	パルォル
9月	구월	クウォル
10月	시월	シウォル
11月	십일월	シビルォル
12月	십이월	シビウォル

●日にち

1日	일 일	イリル
2日	이 일	イイル
3日	삼 일	サミル
4日	사 일	サイル
5日	오 일	オイル
6日	육 일	ユギル
7日	칠 일	チリル
8日	팔 일	パリル
9日	구 일	クイル
10日	십 일	シビル
11日	십일 일	シビリル
20日	이십 일	イシビル
30日	삼십 일	サムシビル

●曜日

月曜日	월요일	ウォリョイル
火曜日	화요일	ファヨイル
水曜日	수요일	スヨイル
木曜日	목요일	モギョイル
金曜日	금요일	クミョイル
土曜日	토요일	トヨイル
日曜日	일요일	イリョイル

☆ 物の数え方（固有数詞）

1回	〔回数〕	한 번	ハン ボン
1冊	〔本〕	한 권	ハン グゥォン
1枚	〔紙〕	한 장	ハン ジャン
1匹、1羽	〔動物〕	한 마리	ハン マリ
1台	〔車、機械〕	한 대	ハン デ
1皿	〔料理〕	한 접시	ハン チョブシ
1杯	〔ビール、酒〕	한 잔	ハン ジャヌ
1足	〔靴、靴下〕	한 켤레	ハン キョルレ

1個	〔りんごなど〕	한 개	ハン ゲ
1株	〔白菜など〕	한 포기	ハン ポギ
1曲	〔歌〕	한 곡	ハン ゴク
1本	〔糸〕	한 가닥	ハン ガダク
1本	〔花〕	한 송이	ハン ソンイ
1箱 1本	〔たばこ〕	한 갑 한 가치	ハン ガプ ハン ガチ
1本〔瓶〕	〔ウィスキーなど〕	한 병	ハン ビョン
1本	〔映画、ドラマ〕	한 편	ハン ピョヌ

☆ 年齢をたずねる表現

　韓国の人との会話で、よくたずねられるのが年齢です。失礼と思われるかもしれませんが、これには訳があります。韓国語に敬語表現があることはすでに述べた通りですが、年齢を知ることで、その人に対する呼称や言葉遣いを選ぶためなのです。

●相手に年齢をたずねるとき

〔子供に〕 何歳？	몇 살이니? ミョッサリニ
〔年下と思われる人に〕 何歳ですか？	몇 살이에요? ミョッサリエヨ
〔同年配と思われる人に〕 何歳ですか？	나이가 어떻게 되세요? ナイガ　オトッケ　デセヨ
何年生まれですか？	몇 년생이세요? ミョンニョンセンイセヨ
干支は何ですか？	무슨 띠예요? ムスンティエヨ
お誕生日はいつですか？	생일이 언제세요? センイリ　オンジェセヨ

| 〔かなり年上の人に〕
何歳でいらっしゃいますか？ | 연세가 어떻게 되세요?
ヨンセガ　オトッケ　デセヨ |

●自分の年齢を言うとき

10歳です。	열 살이에요. ヨルサリエヨ
25です。	만 스물다섯이에요. マン　スムルタソシエヨ
来年には30です。	내년이면 서른이에요. ネニョニミョン　ソルニエヨ
1994年生まれです。	94년생이에요. クサニョンセインイエヨ
うさぎ年です。	토끼띠예요. トッキティエヨ
もうじき還暦です。	낼 모레면 환갑이에요. ネル　モレミョン　ファンガッビエヨ

● 「～才」「～年生まれ」の言い方

　通常、「数え歳」で言います。誕生日を起点として数えるときは「만」（マン）をつけます。

～才です。	～ （数字）	살이에요.
～です。	～ （数字）	이에요./
	～ （数字）	예요.
～年生まれです。	～ （数字）	년생이에요.
～です。	～ （干支）	띠예요.

＜例＞

1999年	천구백구십구년
2019年	이천십구년

☆ 年〔干支〕

	音読み		～年	～띠	
子	자	チャ	ねずみ年	쥐띠	ジティ
丑	축	チュック	うし年	소띠	ソティ
寅	인	イン	とら年	범띠	ボムティ
				호랑이띠	ホランイティ
卯	묘	ミョ	うさぎ年	토끼띠	トッキティ
辰	진	ジン	たつ年	용띠	ヨンティ
巳	사	サ	へび年	뱀띠	ベムティ
午	오	オ	うま年	말띠	マルティ
未	미	ミ	ひつじ年	양띠	ヤンティ
申	신	シン	さる年	원숭이띠	ウォンスンイティ
				잔나비띠	ジャンナビティ
酉	유	ユ	とり年	닭띠	タクティ
戌	술	スル	いぬ年	개띠	ゲティ
亥	해	ヘ	いのしし年	돼지띠	テジティ

아요・어요の効能

韓国語を初めて聞いたという方から、「韓国語って、"ヨ"の発音が多い」と言われました。それもそのはずで、丁寧語の会話体では「〜아요」「〜어요」という語尾の言い方が圧倒的に多いのです。

まず、同じ言葉でも語尾の調子だけで意味が変わることもあります。

例　점심 먹어요.　↘　　昼ごはん食べます。
　　점심 먹어요?　↗　　昼ごはん食べているんですか？
　　점심 먹어요!　→　　昼ごはん食べましょう！

一つの活用でいろいろな言い方ができるので、この活用をものにできれば、韓国語は簡単なのです。

＊「〜아요」「〜어요」活用
①〜하다がつく用言は「해요」になります。
②パッチムがある規則用言では、語幹の最後の母音が陽母音（ㅏ,ㅗ）の場合は「아요」、それ以外は「어요」がつきます。
　좁다→좁아요　　넓다→넓어요
③規則変化のパッチムなしの用言に아요、어요がつくとき、語幹や語尾が変化します。

語幹	単語		くっつく		変化形	
ㅏ	사다	+	아요	=	사요	買います
ㅓ	서다	+	어요	=	서요	止まります
ㅗ	오다	+	ㅏ요	=	와요	来ます
ㅜ	주다	+	ㅓ요	=	줘요	あげます
ㅡ	쓰다	+	ㅓ요	=	써요	苦いです
ㅣ	마시다	+	ㅓ요	=	마셔요	飲みます

④不規則活用

・ㄹ添加　＜바르다 – 바르어요 – 발라요　塗る＞

　　　　　＜누르다 – 누르어요 – 눌러요　押す＞

・ㄷ不規則活用　＜묻다 – 물어요　聞く（質問）＞

・ㅂ不規則活用　＜맵다 – 매 우어 요 – 매워요　辛い＞

　パッチムがㅂで、動詞語幹最後の文字が陽母音でなら

・ㅎ不規則活用　＜어떻다 – 어 떠ㅎㅏ 다 – 어때요　どうだ＞

・ㅅ不規則活用　＜낫다 – 나ㅅ다 – 나아요　治る＞

　（それぞれのくっつき方の詳しい説明は割愛します）

　韓国語の文法の中で、この「〜아요・〜어요」活用が一番面倒ではありますが、使う頻度も非常に高いです。「요」をつけた終止形のほかにも、〜아 / 어 있어요、〜아 / 어 드리다、〜아 / 어 보다などの語尾をつけても使います。

　文型練習を通して、がんばって覚えるようにしましょう。

2日目

基本構文（1）

基本構文

A です。
A 입니다.

・・ 基本フレーズ ・・・・・・・・・・・・・・・・・・・・・・・・・・・・・・・・・・・・・

다나카입니다.
タナカイムニダ

田中です。

・・ ポイント解説 ・・・・・・・・・・・・・・・・・・・・・・・・・・・・・・・・・・・・・

「名詞＋입니다」は、丁寧でフォーマルな「〜です」の表現です。例えば、初めて会った人や目上の人に対して、よく使われる表現です。ニュースなどの番組やフォーマルな場面で使われます。

発音 「名詞＋입니다」の発音で注意すべき点

（1）名詞部分の最後の文字が母音や「ㅇ」で終わる場合
　　→「イムニダ」
　　例　친구입니다　［チングイムニダ］
　　　　은행입니다　［ウネンイムニダ］
（2）子音（パッチム）で終わる場合
　　→基本的にパッチムの音が連音（後ろの子音部に音が引っ越し）します。
　　例　저쪽 ↗ 입니다　　　　　［저쪽깁니다］
　　　　［チョチョッグ イムニダ］　→　［チョチョギムニダ］

42

1 学生です。

학생입니다.
ハクセンイムニダ

....

2 ここです。

여기입니다.
ヨギイムニダ

....

3 あちらです。

저쪽입니다.
チョチョギムニダ

....

4 日本人です。

일본사람입니다.
イルボンサラミムニダ

....

5 私の友達です。

제 친구입니다.
チェ　チングイムニダ

....

6 私の名刺です。

제 명함입니다.
チェ　ミョンハミムニダ

単語の解説

□학생：学生　　　　　　　□제：私の

□여기：ここ　　　　　　　□친구：友達

□저쪽：あちら　　　　　　□명함：名刺

□일본사람：日本人

基本構文

A は B です。

A 는(은) B 입니다.

・・ 基本フレーズ ・・・・・・・・・・・・・・・・・・・・・・・・・・・・

저는 회사원입니다.

チョヌン　　フェサウォニムニダ

私は会社員です。

・・ ポイント解説 ・・・・・・・・・・・・・・・・・・・・・・・・・・・・

「名詞＋입니다（です）」を少し長めの文にした、「〜は…です」
という表現です。

発音

「〜は」は、「〜（名詞）」の最後の音が母音（パッチムなし）か、
子音（パッチムあり）かで変わるので注意しましょう。

「パッチムなし」＋는	「パッチムあり」＋은
저는（私は）	오늘은（今日は）
우리는（私たちは）	이분은（この方は）
여기는（ここは）	화장실은（お手洗いは）

44

基本構文を使って言ってみよう

1 私は学生です。

저는 학생입니다.
チョヌン ハクセンイムニダ

2 私たちは友達です。

우리는 친구입니다.
ウリヌン　チングイムニダ

3 この方は田中さんです。

이분은 다나카 씨입니다.
イブヌン　タナカッシイムニダ

4 今日は火曜日です。

오늘은 화요일입니다.
オヌルン　ファヨイリムニダ

5 ここは2階です。

여기는 이 층입니다.
ヨギヌン　イチュンイムニダ

6 トイレはあちらです。

화장실은 저쪽입니다.
ファジャンシルン チョチョギムニダ

単語の解説

□저：私　　　　　　　□화요일：火曜日

□우리：私たち　　　　□이층：2 階

□이분：この方　　　　□화장실：トイレ

□~ 씨：~さん

45

基本構文

A は B ですか？

A 는(은) B 입니까?

・・・ **基本フレーズ** ・・・・・・・・・・・・・・・・・・・・・・・・・・

저것은 남산타워입니까?

チョゴスン　　　ナムサンタウォイムニカ

あれは南山タワーですか？

・・・ **ポイント解説** ・・・・・・・・・・・・・・・・・・・・・・・・・・

疑問文「名詞＋입니까?」（〜ですか？）の表現です。
イムニカ

「〜は」は、「〜」の部分に注目・限定させるときは①を、疑問詞を含む文のときは通常、②を使います。

①〜은 （〜は） 　〜는 （〜は）	＋	名詞	입니까?
		いつ （언제）	
②〜이 （〜が） 　〜가 （〜が）	＋	どこ （어디）	입니까?
		何 　（무엇）	
		何〜 （몇〜）	

1 メガネ屋は何階ですか？　　**안경점은 몇 층입니까?**
アンギョンジョムン　ミョチュンイムニカ

2 トイレはどこですか？　　**화장실이 어디입니까?**
ファジャンシリ　オディイムニカ

3 ここはどこですか？　　**여기가 어디입니까?**
ヨギガ　　オディイムニカ

4 駅はどちらですか？　　**역이 어느쪽입니까?**
ヨギ　　オヌチョギムニカ

5 今、何時ですか？　　**지금 몇 시입니까?**
チグム　ミョッシイムニカ

6 公演は何時からですか？　　**공연이 몇 시부터입니까?**
コンヨニ　　ミョッシブトイムニカ

単語の解説

□저것：あれ　　　　　　　□역：駅

□남산타워：南山タワー　　□지금：今

□안경점：メガネ店　　　　□몇 시：何時

□몇 층：何階　　　　　　　□공연：公演

□어디：どこ

47

基本構文	Aです。	**A 이에요(예요).** (↘)
	Aですか？	**A 이에요(예요)?** (↗)

・・ 基本フレーズ ・・・・・・・・・・・・・・・・・・・・・・・・・・・・

선물이에요.
ソンムリエヨ

プレゼントです。

・・ ポイント解説 ・・・・・・・・・・・・・・・・・・・・・・・・・・・・

　2日目①の「名詞＋입니다」（〜です）と同じ意味で、よりソ
イムニダ
フトな言い方が「名詞＋이에요」「名詞＋예요」です。
イエヨ　　　　　イェヨ

　この「〜요」で終わる言い方は会話で最もよく使われる表現
で、語尾を下げると平叙文に、語尾を上げると疑問文になります。

＊くっ付き方
●Aの名詞の最後の音が「パッチムあり」なら

　　→　　＋　이에요

　　학 생 이 에 요

●Aの名詞の最後の音が「パッチムなし」なら

　　→　　＋　예요

　　친 구 예 요

1 学生です。
학생이에요.
ハクセンイエヨ

2 私の友達です。
제 친구예요.
チェ　チングエヨ

3 日本人ですか？
일본사람이에요?
イルボンサラミエヨ

いいえ、私は韓国人です。
아니요, 저는 한국사람이에요.
アニョ　チョヌン　ハングックサラミエヨ

4 名前は何ですか？
이름이 뭐예요? 〔同年代・年下・目下の人に〕
イルミ　　モエヨ

イ・ヘミです。
이 혜미예요.
イ　ヘミエヨ

単語の解説

□선물：プレゼント

□아니요：いいえ

□한국사람：韓国人

□이름：名前

□뭐：何

※**4**の言い方は、同年配、年下に対してのみ使います。

基本構文	〜ではありません。	**〜가 아니에요.**
	〜ではありませんか?	**〜가 아니에요?**
	〔〜ではないのですか?〕	

・・・ **基本フレーズ** ・・・・・・・・・・・・・・・・・・・・・・・・・・・・・・・・・・・・

거기는 도로가 아니에요.
コギヌン　　ドロガ　　　　アニエヨ

そこは道路ではありません。

・・・ **ポイント解説** ・・・・・・・・・・・・・・・・・・・・・・・・・・・・・・・・・・・・

　「〜가 아니에요
　　　　ガ　ア二エヨ
」は「〜ではありません」という意味です。名詞文の否定表現です。

　本書の2日目では「(名詞)ではありません」の言い方を⑤と⑥に分けています。(名詞)部分の最後の音にパッチムがあるかないかによって言い方が少し変わるので、これに慣れるためです。

＊くっ付き方

● (名詞)部分の最後の音が「パッチムなし」のとき

　＋　가 아니에요

　도로가 아니에요

● (名詞)部分の最後の音が「パッチムあり」のとき

　＋　이 아니에요

　ちなみに、아니에요がくっ付かない「가」「이」は助詞(〜が)です。「아니에요」は「違います、異なります」という意味です。

50

❶ 姉妹ではありません。　　　자매가 아니에요.
　　　　　　　　　　　　　　　チャメガ　　アニエヨ

. . . .

❷ 兄弟ではありません。　　　형제가 아니에요.
　　　　　　　　　　　　　　　ヒョンジェガ　アニエヨ

. . . .

❸ 私の電話ではありません。　제 전화가 아니에요.
　　　　　　　　　　　　　　　チェ　チョナガ　　　アニエヨ

. . . .

❹ こんなことしている場合　　이럴 때가 아니에요.
ではありません。　　　　　イロル　テガ　　　アニエヨ

. . . .

❺ ここではないのですか？　　여기가 아니에요?
　　　　　　　　　　　　　　　ヨギガ　　　アニエヨ

. . . .

❻ 本当の叔母さんではない　　친이모가 아니에요?
のですか？　　　　　　　　チニモガ　　　アニエヨ

単語の解説

□도로：道路

□자매：姉妹

□형제：兄弟

□전화：電話

□이럴 때：こんな時

□이모：叔母
　※母の姉妹。年の離れた親しい
　　女性に対しても言う。

□친이모：叔母
　※血がつながっている。

51

基本構文	〜ではありません。	**〜이 아니에요.**
	〜ではありませんか？	**〜이 아니에요?**
	〔〜ではないのですか？〕	

・・・ 基本フレーズ ・・・・・・・・・・・・・・・・・・・・・・・・・・・・・・

저는 학생이 아니에요.

チョヌン　ハクセンイ　　　アニエヨ

私は学生ではありません。

・・・ ポイント解説 ・・・・・・・・・・・・・・・・・・・・・・・・・・・・・・

「〜이 아니에요」は「〜ではありません」という意味で名詞文
の否定表現です。名詞部分の最後の音が｜子音（パッチムあり）｜
の場合の言い方です。

＊くっ付き方

（名詞）部分の最後の音が｜子音（パッチムあり）｜のとき

　　　　＋　이 아니에요

　　학생이 아니에요

　パッチムの次に「이」がくることで、連音（リエゾン：音の引っ
越し）が発生します。発音に注意しましょう。

　　　　책이　［채기］　※パッチムㄱが○部分に引っ越し。

역이　［여기］　　처음이 ［처으미］

사람이［사라미］　　애인이 ［애이니］

基本構文を使って言ってみよう

❶ 1階ではありません。

일 층이 아니에요.
イルチュンイ　アニエヨ

. . . .

❷ 私の本ではありません。

제 책이 아니에요.
チェ チェギ　アニエヨ

. . . .

❸ 日本人ではありません。

일본사람이 아니에요.
イルボンサラミ　アニエヨ

. . . .

❹ 韓国は初めてではありません。

한국은 처음이 아니에요.
ハンググン チョウミ　アニエヨ

. . . .

❺ 次の駅じゃないのですか？

다음 역이 아니에요?
タウム ヨギ　アニエヨ

. . . .

❻ 恋人ではないのですか？

애인이 아니에요?
エイニ　アニエヨ

単語の解説

□일 층：1階

□책：本

□처음：初めて

□다음 역：次の駅

□애인：恋人
　※漢字で書くと「愛人」

韓国人はすぐ年齢を聞く！？

・・・

　大学のサークル、職場の集まり、ママ友など、人が複数集まれば、まず年齢を聞いて、年齢の順番をチェックして、呼び方や話し方、そのグループの中での役割が決まります。

　ですから、韓国人と知り合って年齢を聞かれてもたじろがないように。

　１日目で勉強したように、年齢の聞き方も、相手の見た目年齢、自分との見た目の歳の差、心理的な距離などで様々なバリエーションがあります。

　나이가 어떻게 되세요？（何歳ですか？）
　　ナ イ ガ　オ トッ ケ　デ セ ヨ
が、もっとも差し障りのない聞き方ですが、そのほかに干支で聞いたり、학번（学番：大学の入学年度）で聞いたりすることもあります。

　相手との年齢差などによって、尊敬語・謙譲語・丁寧語・タメ口を使い分けるのは、日本とよく似ています。

　初めて会った人で、うんと年上なら尊敬語、それ以外は丁寧語が基本ですが、大人が子供に対してはタメ口（반말）を使います。

　年が近い・年下では親しくなったら、たいてい丁寧語からタメ口（반말）に移行するのですが、歳の差が（３歳以上、年上）あるのにタメ口（반말）を使うと、*말이 짧네요と嫌みを言われることもあるので注意が必要です。
（* 直訳は「言葉が短いですね」。敬語や丁寧語は言葉の文字数が多い、それに比べてタメ口は丁寧語尾を省いているので短いという意味。「タメ口なんですね」という言い方です。）

　反対に、何度か会って、ある程度親しくなった年下の人に、ずっと丁寧語を話すと、*말씀 낮추세요と言われることもあります。
（* 直訳は「言葉（の敬語度）を下げてください」という意味）

年齢がわかったら、次はその人をどう呼ぶ?

＊まずは、一般的な呼び方です。

日本のように歳の上下に関係なく「〜さん」づけはしません。

辞書には「〜さん」は「〜씨」と出ていますが、実際に使う場面は限られていて、「김씨，이씨」とか名字に「〜씨」だけをつけて呼ぶのは、人を見下した感じに聞こえるので絶対 NG です。

「〜씨」をつけてもよいのは、同等の立場の人・自分より年下に対して、「지연 씨，이 지연 씨」というふうに、下の名前かフルネームにつけます。

会社など組織に属しているなら、「名字＋役職」で呼ぶのが一般的です。教授なら「김 교수님」、医者なら「김 선생님」、課長なら「김과장님」という具合です。銀行・病院などでは「〜씨」の代わりに「〜님」がよく使われています

＊次に、年下に対する呼び方です。

子供、学生、同い年、年下なら、話し方はもちろんタメ口で、呼び方は、名前にパッチムの有無で「아」か「야」を付けて呼びます。

例「지연아」「명희야」

これは日本の「〜ちゃん」ではなく、どちらかというと呼び捨てなので、使うときは注意が必要です。

親しい目上に対する呼び方はコラム 3 で紹介します。

3日目

....

基本構文（2）

基本構文	～があります〔います〕。 **～이〔가〕 있어요.**
	～がありますか〔いますか〕？ **～이〔가〕 있어요？**

・・ **基本フレーズ** ・・・・・・・・・・・・・・・・・・・・・・・・・・・・・・・・・・・・

친구가 있어요.
チングガ　　　イッソヨ

友達がいます。

・・ **ポイント解説** ・・・・・・・・・・・・・・・・・・・・・・・・・・・・・・・・・・・・

「～があります〔います〕」という文は、「～가 있어요」「～이 있어요」で表します。

＊「있어요」は基本形「있다」が活用した形です。生物に対して
イッソヨ
も無生物に対しても同じ表現を使います。

＊助詞「～が」は、「～」部分の最後の音が母音（パッチムなし）
か、子音（パッチムあり）かで変わります。

＊くっ付き方
● （名詞）部分の最後の音が「パッチムなし」のとき
　　　＋가 있어요
　　친구가 있어요
● （名詞）部分の最後の音が「パッチムあり」のとき
　　　＋이 있어요
　　시간이 있어요

58

1 明日、約束があります。　　**내일 약속이 있어요.**
ネイル　ヤクソギ　イッソヨ

2 妹が2人います。　　**여동생이 둘 있어요.**
ヨドンセンイ　ドゥル　イッソヨ

3 何がありますか？　　**뭐가 있어요?**
モガ　イッソヨ

4 兄弟がいますか？　　**형제가 있어요?**
ヒョンジェガ　イッソヨ

5 いつ時間がありますか？　　**언제 시간이 있어요?**
オンジェ　シガニ　イッソヨ

6 ツイッターのアカウント
ありますか？　　**트위터 계정 있어요?**
トゥイット　ゲジョン　イッソヨ

単語の解説

□내일：明日　　　　　　　□둘：2人、2つ

□약속：約束　　　　　　　□시간：時間

□여동생：妹　　　　　　　□트위터 계정：Twitter アカウント

59

基本構文	〜にあります〔います〕。	**〜에 있어요.**
	〜にありますか〔いますか〕？	**〜에 있어요？**

・・ **基本フレーズ** ・・・・・・・・・・・・・・・・・・・・・・・・・・・・

서울에 친구가 있어요.
ソウレ　　　チングガ　　　イッソヨ

ソウルに友達がいます。

・・ **ポイント解説** ・・・・・・・・・・・・・・・・・・・・・・・・・・・・

　ここでは「〜에 있어요」（〜にいます・あります）という表現を覚えましょう。「〜に」は、前に来る名詞のパッチムあり／なしと関係なく「〜에」を使います。

＊「場所・位置を表す言葉」　＋　에 있어요 （います・あります）

「上」	위	
「下」	아래	
「下（底部）」	밑	
「左側」	왼쪽	
「右側」	오른쪽	＋ 에 있어요
「中」	안	
「隣（横）」	옆	
「前」	앞	
「後ろ」	뒤	

1 オフィスの下に喫茶店が あります。

사무실 아래에 커피숍이
サムシル　　アレエ　　コピショビ

있어요.
イッソヨ

2 ホテルの隣にあります。

호텔 옆에 있어요.
ホテル　ヨペ　イッソヨ

3 コンビニの上にあります。

편의점 위에 있어요.
ピョニジョム　ウィエ　イッソヨ

4 カバンの中にあります。

가방 안에 있어요.
カバン　アネ　イッソヨ

5 会社はどこにありますか?

회사가 어디에 있어요?
フェサガ　オディエ　イッソヨ

6 明洞にありますか?

명동에 있어요?
ミョンドンエ　イッソヨ

単語の解説

□사무실：事務室、オフィス　　□가방：カバン、バッグ

□커피숍：コーヒーショップ　　□회사：会社

□호텔：ホテル　　　　　　　　□명동：明洞　※地名

□편의점：コンビニ

61

基本構文	〜ありません〔いません〕。	**〜없어요.**
	〜ないですか〔いないですか〕？	**〜없어요?**

・・・ **基本フレーズ** ・・・・・・・・・・・・・・・・・・・・・・・・・・・・・

시간이 없어요.
シガニ　　　オプソヨ

時間がありません。

・・・ **ポイント解説** ・・・・・・・・・・・・・・・・・・・・・・・・・・・・・

「없어요」（ありません・いません）は、「있어요」（あります・
いFた
います）の否定表現です。

助詞を伴って、いろいろな表現ができます。

〜が	パッチム	〜이	
	パッチムなし	〜가	
〜は	パッチム	〜은	+ 없어요
	パッチムなし	〜는	（ありません）
〜も		〜도	

1 知っている店がありません。　아는 가게가 없어요.
アヌン　カゲガ　オプソヨ

2 韓国には知り合いが
いません。　　　　　　　한국에 아는 사람이 없어요.
ハングゲ　アヌン　サラミ　オプソヨ

3 兄はいません。　　　　　오빠는 없어요.
オパヌン　オプソヨ

姉がいます。　　　　　언니가 있어요.
オンニガ　イッソヨ

4 小銭がありません。　　　잔돈이 없어요.
チャンドニ　オプソヨ

5 お金がありません。　　　돈이 없어요.
トニ　オプソヨ

携帯電話もありません。　핸드폰도 없어요.
ヘンドゥポンド　オプソヨ

6 兄弟はいませんか？　　　형제가 없어요?
ヒョンジェガ　オプソヨ

3日目

基本構文(2)

単語の解説

□아는 가게：知っている店　　　□언니：お姉さん　※女性が言う

□한국：韓国　　　　　　　　　□잔돈：小銭

□아는 사람：知っている人　　　□돈：お金

□오빠：お兄さん　※女性が言う　□핸드폰：携帯電話

63

基本構文	~ます。	~아요.
	~ますか?	~아요?

••• **基本フレーズ** ••••••••••••••••••••••••••

친구를 만나요.
チングルル　　マンナヨ

友達に会います。

••• **ポイント解説** ••••••••••••••••••••••••••

　動詞語幹に「~아요/~어요」をつけて、丁寧な「~ます」「~ますか?」を表します。これまで勉強した「(名詞) 이에요 (~です)」「있어요 (あります)」「없어요 (ありません)」と同じでソフトな丁寧語です。

＊くっ付き方
　ざっくり3通り。(形容詞の活用も同じです)
①하다動詞の場合は、해요
②動詞語幹の最後の母音が陽母音 (ㅏ, ㅗ) の場合や、動詞語幹が「ㄹ」で終わり、その前の文字が陽母音の場合は、아요
③上記①②以外の場合は、어요

ここでは、①の해요と②の아요を練習しましょう。

1 一日1時間勉強します。　　　**하루에 한 시간 공부해요.**
ハルエ　　ハンシガン　　ゴンブヘヨ

2 朝早く起きます。　　　　　　**아침에 일찍 일어나요.**
〔早起きです。〕　　　　　　アチメ　イルチック　イロナヨ

3 この人をよく知って　　　　　**이 친구를 잘 알아요.**
います。〔友人などについて〕　イ　チングルル　チャル　アラヨ

4 三号線に乗ります。　　　　　**3호선을 타요.**
サモソヌル　　ダヨ

5 明日行きます。　　　　　　　**내일 가요.**
〔明日帰ります。〕　　　　　ネイル　ガヨ

6 韓国料理が好きです。　　　　**한국요리를 좋아해요.**
ハングンヨリルル　　チョアヘヨ

※しり上がりに発音すると疑問文になります。

韓国料理、好きですか？　　　**한국요리 좋아해요?**
ハングンヨリ　　チョアヘヨ

単語の解説

□하루：一日　　　　　　　　　□가다：行く、帰る

□일찍：早く　　　　　　　　　□좋아하다：好む、好きだ

□타다：乗る

65

<table>
<tr><td rowspan="2">基本構文</td><td>〜ます。</td><td>〜어요.</td></tr>
<tr><td>〜ますか？</td><td>〜어요？</td></tr>
</table>

••• **基本フレーズ** ••••••••••••••••••••••••••••••••

일곱 시에 저녁을 먹어요.
イルゴプシエ　　チョニョグル　　モゴヨ

7時に夕ご飯を食べます。

••• **ポイント解説** ••••••••••••••••••••••••••••••••

　丁寧な「〜ます」「〜ますか？」の表現で、動詞語幹に「〜어요」をくっ付ける活用を覚えましょう。

＊くっ付き方
動詞語幹の最後の母音がㅓ、ㅜ、ㅡ、ㅣなど陽母音以外
動詞語幹が「ㄹ」で終わり、その前の文字が陰母音
動詞語幹の最後の文字が陰母音で、パッチムが「ㄷ」
動詞語幹の最後の文字が陰母音で、パッチムが「ㅂ」

｝＋어요

1 コーヒーをたくさん
飲みます。

커피를 많이 마셔요.
コピルル　マニ　マショヨ

2 歌を歌います。

노래를 불러요.
ノレルル　ブルロヨ

3 日曜日にはケーキを
焼きます。

일요일에는 케이크를
イリョイレヌン　ケイクルル

구워요.
クウォヨ

4 私の名前はこう書きます。

제 이름은 이렇게 써요.
チェ　イルムン　イロッケ　ッソヨ

5 クラシックをよく聴きます。

클래식을 많이 들어요.
クレシイグル　マニ　ドゥロヨ

6 どんな本をよく読みますか？

무슨 책을 많이 읽어요?
ムスン　チェグル　マニ　イルゴヨ

単語の解説

□저녁：夕飯、夕方　　　　　□굽다：焼く

□커피：コーヒー　　　　　　□이렇게：このように、こう

□마시다：飲む　　　　　　　□쓰다：書く、使う

□노래：歌　　　　　　　　　□많이：たくさん、よく

□부르다：歌う　　　　　　　□듣다：聴く

□케이크：ケーキ　　　　　　□읽다：読む

基本構文	~です。　　~아요.
	~ですか?　~아요?

・・・ 基本フレーズ ・・・・・・・・・・・・・・・・・・・・・・・・・・・・・・・・

날씨가 참 좋아요.
ナルシガ　チャム　ジョアヨ

天気がとてもいいです。

・・・ ポイント解説 ・・・・・・・・・・・・・・・・・・・・・・・・・・・・・・・・・

　丁寧な「~です」は形容詞語幹に「~아요」「~어요」を付けます。

*活用の仕方は、3日目④の動詞と同じです。

●하다形容詞の場合は、해요

　「必要だ」필요하다 -필요해요

　「静かだ」조용하다 -조용해요

　　　　　　유명하다 -유명해요

●~아요の場合

　①語幹の最後の母音が陽母音 (ㅏ, ㅗ) のとき

　「小さい」작다 -작아요　　　　　「良い」좋다 -좋아요

　「高い」비싸다 -비싸아요 -비싸요

　②語幹が「ー」母音で終わり、その前の文字が陽母音のとき

　「忙しい」바쁘다 -바빠요　　「痛い」아프다 -아파요

68

1 とても高いです。　　　너무 비싸요.
ノム　ビッサヨ

2 靴のサイズがちょっと
小さいです。　　　신발 사이즈가 좀 작아요.
シンバル　サイズガ　チョム　ジャガヨ

3 サインが必要です。　　　사인이 필요해요.
サイニ　ピリョヘヨ

4 参鶏湯はこの店が一番
有名です。　　　삼계탕은 이 집이 제일
サムゲタンウン　イ　ジビ　チェイル

유명해요.
ユミョンヘヨ

5 どこが痛いですか？　　　어디가 아파요?
オディガ　アパヨ

6 最近、忙しいですか？　　　요즘 바빠요?
ヨズム　バパヨ

単語の解説

□날씨：天気
□참：とても
□좋다：いい
□비싸다：(値段が) 高い
□신발：靴

□작다：小さい
□필요하다：必要だ
□유명하다：有名だ
□아프다：痛い、具合が悪い
□바쁘다：忙しい

> **基本構文**
>
> ～です。　　**～어요.**
> ～ですか？　**～어요?**

・・**基本フレーズ**・・・・・・・・・・・・・・・・・・・・・・・・・・・・・・・

아주 맛있어요.

アジュ　　マシッソヨ

とてもおいしいです。

・・**ポイント解説**・・・・・・・・・・・・・・・・・・・・・・・・・・・・・・・

　丁寧な「～です」の表現です。形容詞語幹に「～어요」をくっ付ける活用です。

＊活用の仕方

　3日目5とほぼ同じです。

●パッチム語幹で最後の母音が ㅓ、ㅜ、ㅡ、ㅣ など陽母音以外

　「広い」넓다 -넓어요　　「太い」굵다 -굵어요

●パッチムなし語幹で最後の母音が陽母音以外

　「大きい」크다 -커요

●語幹が「ㅡ」母音で終わり、その前の文字が陽母音以外

　「きれいだ」예쁘다 -예뻐요

●語幹最後の文字が陽母音以外でパッチムが ㅂ

　「暑い」덥다 -더워요　　「辛い」맵다 -매워요

　p71の**1**の어때요は、어떻다（どうだ）-어때요と活用する「ㅎ不規則」形容詞です。

70

1 お味はどうですか？

맛이 어때요?
マシ　オテヨ

2 おいしいけど、辛いです。

맛있는데, 매워요.
マシンヌンデ　メウォヨ

3 寒いですか？

추워요?
チュウォヨ

　ここは暑いです。

여기는 더워요.
ヨギヌン　ドウォヨ

4 とてもきれいです。

참 예뻐요.
チャム　イェポヨ

5 ドラマがおもしろいです。

드라마가 재미있어요.
ドゥラマガ　ゼミイッソヨ

6 妹のほうが、背が高いです。
〔妹がもっと背が高いです。〕

동생이 더 키가 커요.
ドンセンイ　ド　キガ　コヨ

単語の解説

□맛있다：おいしい

□맛：味

□맵다：辛い

□춥다：寒い

□덥다：暑い

□예쁘다：きれいだ、かわいい

□재미있다：おもしろい

□동생：弟、妹

□키：身長

□키가 크다：背が高い

韓国社会においてもっとも大事なのは、目上の人に対する呼び方

韓国では、血のつながった親族でなくても、親しみを込めて、親族呼称語をよく使います。

主に自分より年上に対してですが、下の表のように、1歳でも年上なら「언니、오빠、누나、형」のような親族呼称を使います。彼氏でも、自分より年上なら「오빠」と呼びます。

	女性→女性	女性→男性	男性→女性	男性→男性
ちょっと上	언니	오빠	누나	형
かなり上			누님	형님
二回り以上	이모		이모	

知人に対しても、本当の兄弟に対しても同じ呼び方で紛らわしいので、血のつながりのある本当の「언니、오빠」なら、呼称の頭に「친」をつけて「친언니、친오빠」と、区別することもあります。

「이모」は母の女兄弟のことで、自分の母親ぐらいの年齢の女性に対してはこう呼ぶことがありますが、食堂などで見ず知らずの年配の女性従業員に対しても同じく「이모」と呼ぶことがあるので、親しい人にこの呼び方を使うときは注意が必要です。

いくつになっても「若く思われたい」のが女性の心理なので、「そんなに歳の差はありませんよ」という意味で、少々年齢の開きはあっても「언니」のほうが無難です。

年下は男性でも女性でも「동생」です。大学のサークルやママ友、職場の集まりなどのグループで、一番年下は「막내」(末っ子)と呼ばれます。

こういった、親族呼称で呼び合ったりしているためか、韓国では友人知人の関係が密で、お姉さん、お兄さんらしく年上が年下の面倒をみたり、世話を焼いたりする頼もしい存在でもあります。ただ、年下はその分、決定権が弱かったり、使い走り(?)的な役割を押しつけられたりすることもあります。

韓国ドラマによく出てくる「오빠」って、「お兄さん」?

ことわざというほど古くはないですが、「오빠가 아빠된다」という言葉があります。親しみを込めて「오빠」と言っているうちに恋が芽生え、結婚に至り、「아빠」(パパ)になるという意味です。

結婚してからもこの「오빠」という言い方が抜けなくて、夫に対する呼び方は「여보」ではなく、ずっと「오빠」と呼んでいるカップルも多いです。「오빠」以外にも若いカップルは互いに「자기야」(ダーリンのような意味合い)と呼ぶことも。ちなみに私の姉夫婦(50代)もいまだに「자기야」と呼び合っています。

4日目

基本構文（3）

基本構文	～でした。	～였어요. / ～이었어요.
	～ではありませんでした。	～가(이) 아니었어요.

基本フレーズ

공연은 어제였어요.

コンヨヌン　　オジェヨッソヨ

公演は昨日でした。

ポイント解説

名詞を使った文の過去形です。

＊発音は、名詞の最後の音が「パッチムあり」か「パッチムなし」で変わります。

名詞の最後の音が

	【パッチムなし】	【パッチムあり】
	例「노트」（ノート）	例「책」（本）
예요/이에요	～였어요	～이었어요
平叙文	「～でした」	
아니에요	～가 아니었어요	～이 아니었어요
否定文	「～ではありませんでした」	
있어요	～가 있었어요	～이 있었어요
存在文	「～がありました」	
없어요	～가 없었어요	～이 없었어요
存在否定	「～がありませんでした」	

1 昨年まで学生でした。

작년까지 학생이었어요.
チャンニョンッカジ　ハクセンイオッソヨ

2 私のミスでした。

제 실수였어요.
チェ　シルスヨッソヨ

3 ここが映画館でした。

여기가 영화관이었어요.
ヨギガ　ヨンファグァニヨッソヨ

4 昨日は休日でした。

어제는 쉬는 날이었어요.
オジェヌン シヌン　ナリオッソヨ

5 そこにいませんでした。

거기 없었어요.
コギ　オプソッソヨ

6 夢だけど、夢じゃなかった。꿈이지만, 꿈이 아니었어.
クミジマン　クミ　アニオッソ

単語の解説

□작년：昨年、去年　　　　　　□거기：そこ

□실수：ミス、手落ち　　　　　□꿈：夢

□영화관：映画館　　　　　　　□〜이지만：〜だけど

□쉬는 날：休みの日

基本構文

～かったです。～でした。
～았어요. ～었어요.

・・・ 基本フレーズ ・・・・・・・・・・・・・・・・・・・・・・・・・・・・・・・

날씨가 좋았어요.
ナルシガ　　チョアッソヨ

天気が良かったです。

・・・ ポイント解説 ・・・・・・・・・・・・・・・・・・・・・・・・・・・・・・・

形容詞や動詞などの過去形は、아요/어요活用を応用した、
「～았어요」「～었어요」で表します。

＊아요活用形の、語幹と요の間に ᆻ어を入れます。

忙しい　　　　忙しいです　　　忙しかったです
바쁘다 → 바빠 요 → 　바빴어요
　　　　　　　 ᆻ어

(かしこまった言い方) ＋ ᆻ습니다 → 　바빴습니다

＊어요活用形の、語幹と요の間に ᆻ어を入れます。

かっこいい　　かっこいいです　　かっこよかったです
멋있다 → 멋있어 요 → 　멋있었어요
　　　　　　　 ᆻ어

(かしこまった言い方) ＋ ᆻ습니다 → 　멋있었습니다

❶ 昨日はちょっと忙しかったです。　**어제는 좀 바빴어요.**
　　　　　　　　　　　　　　　　　　オジェヌン　チョム　ババッソヨ

❷ 頭が痛かったです。　　　　　　　**머리가 아팠어요.**
　　　　　　　　　　　　　　　　　　モリガ　　　アパッソヨ

❸ 思ったより安かったです。　　　　**생각보다 쌌어요.**
　　　　　　　　　　　　　　　　　　センガックポダ　ッサッソヨ

❹ 天気が寒かったです。　　　　　　**날씨가 추웠어요.**
　　　　　　　　　　　　　　　　　　ナルシガ　チュウォッソヨ

❺ 問題が難しかったです。　　　　　**문제가 어려웠어요.**
　　　　　　　　　　　　　　　　　　ムンジェガ　オリョウォッソヨ

❻ 本当にかっこよかったです。　　　**정말 멋있었어요.**
　　　　　　　　　　　　　　　　　　チョンマル　モシッソッソヨ

4日目
―
基本構文
(3)

単語の解説

□머리：頭

□생각보다：考えより
　→思ったより

□싸다：安い

□문제：問題

□어렵다：難しい

□정말：本当に

□날씨가 춥다：天気が寒い
※❹の場合、日本語では通常「天気が」
を入れませんが、韓国語では入れます。

基本構文

～ました。
～았어요. ～었어요.

• • **基本フレーズ** •

명동에서 만났어요.

ミョンドンエソ　　マンナッソヨ

明洞で会いました。

• • **ポイント解説** •

　形容詞と同じく、動詞の過去形は、아요/어요活用を応用した
「～았어요」「～었어요」で表します。

＊아요活用形の、語幹と요の間に ㅆ어 を入れます。

会う　　　　会います　　　　会いました
만나다 → 만나 요 →　만났어요
　　　　　　 ㅆ어

（かしこまった言い方）＋ ㅆ습니다 →　만났습니다

＊어요活用形の、語幹と요の間に ㅆ어 を入れます。

泣く　　　　泣きます　　　　泣きました
울다 → 울어 요 →　울었어요
　　　　　 ㅆ어

（かしこまった言い方）＋ ㅆ습니다 →　울었습니다

80

1 6時に起きました。

6시에 일어났어요.
ヨソッシエ　イロナッソヨ

2 昨日映画を見ました。

어제 영화를 봤어요.
オジェ　ヨンファルル　バッソヨ

3 タクシーに乗りました。

택시를 탔어요.
テクシルル　タッソヨ

4 友達に習いました。〔友達に教えてもらいました。〕

친구한테 배웠어요.
チングハンテ　ベウォッソヨ

5 先週買いました。

지난주에 샀어요.
チナンジュエ　サッソヨ

6 映画を観て泣きました。

영화를 보고 울었어요.
ヨンファルル　ボゴ　　ウロッソヨ

単語の解説

□만나다：会う

□일어나다：起きる

□보다：見る、会う

□배우다：習う

□지난주：先週

□영화：映画

□울다：泣く

基本構文

～くないです。

안 ～（形容詞）.

・・・ 基本フレーズ ・・・・・・・・・・・・・・・・・・・・・・・・・・・・・・

안 비싸요.

アンビッサヨ

高くないですよ。

・・・ ポイント解説 ・・・・・・・・・・・・・・・・・・・・・・・・・・・・・・

　形容詞や動詞など用言の否定形は3通りがあります。

ⅰ．前否定：活用した用言の前に「안」を付ける。

ⅱ．後否定：用言の語幹に「지 않아요」を付ける。

　　　　　　　過去形は「지 않았어요」を付ける。

ⅲ．対義語を使う　있다（ある）⇔없다（ない）

＊まずはⅰの「前否定」を練習しましょう。

 안

　비싸요 → 안 비싸요（高くないです）

　用言の前に付ける「안」は、会話ではくっ付けて発音しますが、書くときは用言の間に半角スペースを空けます。これを「띄어쓰기（分かち書き）」と言います。

　ハングルは、分かち書きをすることで、文法上の形態素がわかります。きちんとした文章を書くときは「맞춤법/띄어쓰기 검사기（綴り方・分かち書き検査ツール）」を利用することが多いです。

1 このキムチは辛くない
です。

이 김치는 안 매워요.
イ　キムチヌン　アンメウォヨ

2 コートを着たので寒く
ないです。

코트 입어서 안 추워요.
コトゥ　イボソ　アンチュウォヨ

3 これはあまりかわいく
ないです。

이건 별로 안 예뻐요.
イゴン　ビョルロ　アンニェボヨ

4 もう痛くないです。

이제 안 아파요.
イジェ　アナパヨ

5 背はそんなに高くない
です。

키는 그렇게 안 커요.
キヌン　グロッケ　アンコヨ

6 駅から遠くないです。

역에서 안 멀어요.
ヨゲソ　アンモロヨ

単語の解説

□김치：キムチ

□입다：着る

□이건：これは
※이것은の縮約形

□별로：あまり

□이제：もう

□그렇게：そんなに

□역에서：駅から

□멀다：遠い

83

基本構文	〔現在〕〜くありません。／〜くないです。	**〜지 않아요.**
	〔過去〕〜くありませんでした。／〜くなかったです。	**〜지 않았어요.**

• •・ 基本フレーズ ・・ •

비싸지 않아요.

ビッサジ　　アナヨ

高くないです。

• •・ ポイント解説 ・・ •

　後否定文は、用言の語幹の後ろに「지 않아요」をつけます。前否定「안〜」より丁寧な言い方です。

＜現在形＞

비싸다 →비싸지 않아요（高くないです）

　語尾「다」を取って、後ろに「지 않아요」を付ける。

＜過去形＞

비싸다　→비싸지 않았어요（高くなかったです）

＊後否定の最も大きな特徴は、日本語と同じように、「は」や「も」を入れた微妙なニュアンスの違いを表すことができることです。

　어렵지는 않아요.（高くはないです）

　어렵지도 않아요.（高くもないです）

84

1 このキムチは辛くない
です。

이 김치는 맵지 않아요.
イ　キムチヌン　メプチ　アナヨ

. . . .

2 寒くないです。

춥지 않아요.
チュプチ　アナヨ

. . . .

3 これはあまりかわいく
ないです。

이건 별로 예쁘지 않아요.
イゴン　ビョルロ　イェプジ　　アナヨ

. . . .

4 駅から遠くないです。

역에서 멀지 않아요.
ヨゲソ　　モルジ　アナヨ

. . . .

5 近くもないです。

가깝지도 않아요.
ガカプチド　　アナヨ

. . . .

6 窮屈じゃないですよ。

불편하지 않아요.
プルピョナジ　　アナヨ

※こんな応用もできます。

過去形　すごく難しくは
なかったです。

많이 어렵지는 않았어요.
マニ　　オリョプチヌン　アナッソヨ

. . . .

疑問形　辛くない？大丈夫？

힘들지 않아요?
ヒムドゥルジ　アナヨ

4日目

基本構文(3)

単語の解説

□가깝다：近い　　　　　　　□힘들다：辛い

□불편하다：窮屈だ、不便だ

85

基本構文

（動詞）〜（し）ません。

안 〜 (動詞).

・・・ 基本フレーズ ・・・・・・・・・・・・・・・・・・・・・・・・・・・・

아침을 안 먹어요.

アチムル　　　アンモゴヨ

朝ご飯は食べません。

・・・ ポイント解説 ・・・・・・・・・・・・・・・・・・・・・・・・・・・・

　活用した用言の前に「안」を付ける、動詞の前否定文です。
会話体でもっともよく使われる否定表現です。（4日目④と同じ
活用）

　　먹어요　　→안 먹어요（食べません）

　「아요/어요」体と同じように、否定の「안」を付けても、語尾
を上げて発音すると疑問表現になります。

　안 먹어요?　（食べないですか？）

　안 봐요?　　（見ないですか？）

　안 마셔요?　（飲まないですか？）

1 テレビはあまり見ません。　テレビヌン チャル アンバヨ
テレビヌン チャル アンバヨ

2 コーヒーは飲みません。　커피는 안 마셔요.
コピヌン　アンマショヨ

3 土曜日は会社に行きません。토요일은 회사에 안 가요.
トヨイルン　フェサエ　アンガヨ

4 高すぎるので買いません。　너무 비싸서 안 사요.
ノム　ビッサソ　アンサヨ

5 勉強は好きじゃないです。　공부를 안 좋아해요.
コンブルル　アンジョアヘヨ

6 タバコは吸いません。　담배는 안 피워요.
タンベヌン　アンピョヨ

単語の解説

□아침：朝

□테레비：テレビ　※会話体
　※標準語は텔레비전

□토요일：土曜日

□공부：勉強

□담배：タバコ

□피우다：（タバコを）吸う

□회사：会社

〜（し）ません。／〜（し）ないです。
〜지 않아요.

・・ 基本フレーズ ・・・・・・・・・・・・・・・・・・・・・・・・・・・・・・・

하루도 쉬지 않아요.
ハルド　　　シジ　　アナヨ

一日も休みません。

・・ ポイント解説 ・・・・・・・・・・・・・・・・・・・・・・・・・・・・・・・

　動詞の語幹の後に「지 않아요」をくっ付ける後否定文です。

＊現在否定

쉬|다| →쉬지 않아요 （休みません）

語尾「다」を取って、後ろに「지 않아요」を付ける。

쉬다　→쉬지 않습니다.〔かしこまった言い方〕

＊過去否定

쉬다　→쉬지 않았어요 （休みませんでした）

＊含みを持たせた言い方

　「〜はしない（〜지는 않아요）」、「〜もしない（〜지도 않아요）」
という形もよく使われます。

　쉬지는 않아요 　（休みはしません）
　쉬지도 않아요 　（休みもしません）

1 たくさんは食べません。

많이 먹지는 않아요.
マニ　モクチヌン　アナヨ

2 コーヒーを飲みません。

커피를 마시지 않아요.
コピルル　マシジ　アナヨ

3 思い出せません。

기억이 나지 않아요.
キオギ　ナジ　アナヨ

4 タバコは吸いません。

담배는 피우지 않아요.
タンベヌン　ピウジ　アナヨ

5 肉は好きじゃないです。

고기는 좋아하지 않아요.
コギヌン　チョアハジ　アナヨ

6 ふだん運動をしません。

평소에 운동을 하지 않아요.
ピョンソエ　ウンドンウル　ハジ　アナヨ

4日目 ── 基本構文 (3)

単語の解説

□하루：一日

□쉬다：休む

□기억：記憶

□기억이 나다：思い出す

□고기：肉

□평소：ふだん
　※漢字で書くと「平素」

□운동：運動

パソコンでハングルを入力してみよう

「せっかく韓国語を勉強したのだから、ハングルで打ってみたい！」
「言語設定って、難しい？」
「そもそもハングルのキーボードって、どんな感じ？」
「入力はアルファベット入力？　それともハングル入力？」

　初めて韓国語を勉強している皆様にはちょっと未知の世界。
　パソコンでハングル入力する場合は、パソコンのバージョンを確認し、ネットで「ハングル入力」と検索すると出てきます。
　指示に従ってハングルのフォントと IME を導入すると、文字バーの「あ」の隣に①が現れるので、これをクリックすると言語切り替えができます。
　ハングルに切り替えた時のキー配列がこちら。パソコン用の一般的なキーボード配列です。

　左側に子音が、右側に母音が配置されています。慣れると左右交互にリズミカルに打てるようになります。
　ちなみにキーボード本体は日本でも東京の新大久保通りや Amazon などで購入できますが、キーボード用ハングルシールやハングルのキーボードカバーも市販されているので気軽に試せます。手作りシールを手持ちのキーボードに慣れるまで貼っておく、という手もあります。

それでは、実践編。

　打ち方は、まず左手の初声（子音）→中声（母音）→終声（母音）の
順で打っていきます。

가は、ㄱ（R）　ㅏ（K）

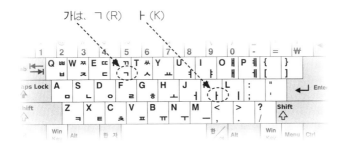

강はㄱ（R）　ㅏ（K）　ㅇ（D）、
와はㅇ（D）　ㅗ（H）　ㅏ（K）の順で打っていきます。

　빵を打ちたいならㅃ（shift ＋ㅂ）→ㅏ→ㅇと、ハングル子音・母音が
1つのキーの中に2文字入っている場合、標準が下、上の文字を打つと
きは shift を押しながら打ちます。

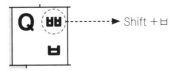

Shift ＋ㅂ

　읽다のようにパッチムが2つ並んでいる場合は、そのまま子音を続け
て打ちます。ㅇ→ㅣ→ㄹ→ㄱ→ㄷ→ㅏ
　綴りの間違ったパッチムは、パッチムとして入力されず、次の文字の
初声に移ります。
　重母音もㅗ＋ㅏは와に、ㅗ＋ㅣは외と認識しますが、
ㅗ＋ㅓは母音調和の法則（陽母音＋陰母音×）に反するので、文字とし
て成立せず、こんな感じに表示されます。「오ㅓ」
　ハングルのフォントは Windows にもいくつか標準装備されています
が、韓国の検索エンジンサイト NAVER に入ると、様々な無料フォント
をダウンロードできます。

91

5日目

基本構文（4）

基本構文

〜てください。
〜아(어) 주세요.

・・・ 基本フレーズ ・・・・・・・・・・・・・・・・・・・・・・・

사인해 주세요.
サイネ　　　ジュセヨ

サインしてください。

・・・ ポイント解説 ・・・・・・・・・・・・・・・・・・・・・・・

「〜てください」は「〜아/어 주세요」で表します。

＊아/어は、動詞・存在詞（있다/없다）用言の아요/어요活用です。（3日目④と⑤　参照）

＊「〜아/어 주세요」は、主に「(私のために)〜てください」の意味合いで使われ、命令や要請の意味ではあまり使いません。

例えば、「(私に)電話してください」なら「전화해 주세요」ですが、お店などの電話番号を教えて、「こちらに電話してください」と言いたいときは、命令表現を使って「이쪽으로 전화하세요」と言います。（6日目②で学習します。）

1 いろいろ教えてください。

많이 가르쳐 주세요.
マニ　カルチョ　ジュセヨ

2 窓をちょっと開けてください。

창문 좀 열어 주세요.
チャンムン　ジョム　ヨロ　ジュセヨ

3 ちょっと待ってください。

잠깐만 기다려 주세요.
ジャンカンマン　キダリョ　ジュセヨ

4 合っているか見てください。

맞는지 봐 주세요.
マンヌンジ　バ　ジュセヨ

5 ちょっと手伝ってください。

좀 도와 주세요.
チョム　ドワ　ジュセヨ

6 ちょっとペンを貸してください。

펜 좀 빌려 주세요.
ペン　ジョム　ビルリョ　ジュセヨ

5日目

基本構文 (4)

単語の解説

□사인：サイン　　　　　　　□잠깐만：しばらく

□많이：たくさん、いろいろと　□기다리다：待つ

□가르치다：教える　　　　　□맞다：合っている

□창문：窓　　　　　　　　　□돕다：助ける、手助けする

□열다：開ける　　　　　　　□빌리다：借りる

基本構文	～なければならない。／～ないと (いけない)。 **～아(어)야 해요.**

・・・ **基本フレーズ** ・・・・・・・・・・・・・・・・・・・・・・・・・・・

다음 역에서 갈아타야 해요.
タウム　　ヨゲソ　　　　ガラタヤヘヨ

次の駅で乗り換えなければなりません。

・・・ **ポイント解説** ・・・・・・・・・・・・・・・・・・・・・・・・・・・

　「～ (し) なければならない」と言いたいときは「～아/어야 해요」を使います。「～아/어야 해요」は「～ (す) べきです」という肯定表現で、日本語のように「否定の否定」で「強い肯定」を表す言い方もありますが、一般的にはこの言い方がよく使われます。

　また、口語では「해요」の代わりに「～아(어)야 돼요」をよく使います。意味は同じです。

<動詞>　　　먹어야 해요/먹어야 돼요
　　　　　　　(食べなければなりません)
<形容詞>　　예뻐야 해요/예뻐야 돼요
　　　　　　　(きれいでなければなりません)
<存在詞>　　있어야 해요/있어야 돼요
　　　　　　　(いなければなりません)

1 急がなければなりません。
서둘러야 해요.
ソドゥロヤヘヨ

2 来週まで待たなければなりません。
다음 주까지 기다려야 해요.
タウムチュッカジ　キダリョヤヘヨ

3 早く行かなければなりません。
빨리 가야 해요.
パルリ　カヤヘヨ

4 変換プラグは持って行かないと！
멀티 플러그는 가져가야 해요.
モルティ　プログヌン　カジョガヤヘヨ

5 これはぜひ買うべき！
이건 꼭 사야 해요.
イゴン　コック　サヤヘヨ

6 あの映画は観るべき！
그 영화는 봐야 해요.
ク　ヨンファヌン　バヤヘヨ

※こんな応用もできます。

疑問形　必ずいなければならないですか？
꼭 있어야 해요?
コック　イッソヤヘヨ

過去形　あれを買うべきでした。
그걸 샀어야 했어요.
クゴル　サッソヤヘッソヨ

単語の解説

□갈아타다：乗り換える
□서두르다：急ぐ
□빨리：早く、速やかに
□멀티플러그：マルチプラグ
□가져가다：持って行く
□이건：これは
　※이것은の縮約形
□꼭：必ず

97

基本構文	～ています。 ～고 있어요.

••• **基本フレーズ** •••••••••••••••••••••••••••••••••••

뉴스를 보고 있어요.
ニュスルル　ポゴ　イッソヨ

ニュースを見ています。

••• **ポイント解説** •••••••••••••••••••••••••••••••••••

　「動詞語幹＋고 있어요」は「（現在）～ている」という<u>動作の進行を表す言い方</u>です。「着ている・履いている・メガネをかけている・帽子を被っている」など着衣の状態を言うときも使います。

　韓国語は日本語とよく似ているため、「～고 있어요」＝「～ている」と置き換えてしまいがちですが、完全に一致しているわけではないので、注意が必要です。

①習慣や完了の意味では使いません。

結婚しています。　　　　　→ 결혼했어요.〔過去形で〕

いつも7時に起きています。→ 항상 7시에 일어나요.〔現在形で〕

いつも宝くじを買っていました。→ 항상 복권을 샀어요.〔過去形で〕

綿素材を使用しています。　→ 면소재를 사용했습니다.〔過去形で〕

仁川に住んでいます。　　　→ 인천에 살아요.〔現在形で◎〕

　　　　　　　　　　　　　인천에 살고 있어요.〔現在進行形でも○〕

②動作が終わって、その状態や結果が持続していることを表す場合は「～아(어) 있다」を使います。(5日目④ 参照)

1 知っています。

알고 있어요.
アルゴ　イッソヨ

2 スペイン語を習っています。

스페인어를 배우고 있어요.
スペイノルル　　　ペウゴ　イッソヨ

3 今向かっています。

지금 가고 있어요.
チグム　カゴ　イッソヨ

4 音楽を聴いています。

음악을 듣고 있어요.
ウマグル　ドゥッコ　イッソヨ

5 ケーキを焼いています。

케이크를 굽고 있어요.
ケイクルル　　グプコ　イッソヨ

6 ハンガンさんの小説を
読んでいます。

한 강 소설을 읽고 있어요.
ハンガン　ソソルル　イルコ　イッソヨ

※こんな応用もできます。

疑問形　何していますか？

꼭 있어야 해요?
コックイッソヤ　ヘヨ

過去形　休んでいました。

쉬고 있었어요.
シゴ　イッソッソヨ

単語の解説

□뉴스：ニュース

□알다：知る

□스페인어：スペイン語

□음악：音楽

□한 강：ハンガン
　※韓国で人気のある小説家

□소설：小説

□읽다：読む

99

基本構文

〜ています。

〜아(어) 있어요.

・・・ **基本フレーズ** ・・・・・・・・・・・・・・・・・・・・・・・・・・・・・・

지금 부산에 와 있어요.

チグム　　プサネ　　ワ　　イッソヨ

今、釜山に来ています。

・・・ **ポイント解説** ・・・・・・・・・・・・・・・・・・・・・・・・・・・・・・

「〜ている」の表現で、動作が終わって、その状態や結果が持続していることを表す場合は「〜아/어 있어요」を使います。
5日目③の「〜고 있어요」との意味の違いを見てみましょう。

・「椅子に座っています」

의자에 앉고 있어요 　〔今まさに座る動作をしている最中〕

의자에 앉아 있어요 　〔座っている状態〕

・「来ています」

오고 있어요 〔今交通手段、徒歩などでまさに移動している最中〕

와 있어요 　　〔すでに移動して、その場所に来ている状態〕

1 椅子に座っています。　　　　**의자에 앉아 있어요.**
ウィジャエ　アンジャ　イッソヨ

2 カバンの中に入っています。　**가방 안에 들어 있어요.**
カバン　アネ　ドゥロ　イッソヨ

3 入院しています。　　　　　　**입원해 있어요.**
イボネ　　　イッソヨ

4 今アメリカに行っています。　**지금 미국 가 있어요.**
チグム　ミグック　カ　イッソヨ

5 ここに説明が載っています。　**여기 설명이 적혀 있어요.**
ヨギ　ソルミョンイ　チョキョ　イッソヨ

6 花がたくさん咲いています。　**꽃이 많이 피어 있어요.**
コチ　マニ　ピオ　イッソヨ

5日目
基本構文(4)

単語の解説

□부산：釜山　※地名　　　　　□입원：入院

□의자：椅子　　　　　　　　　□미국：米国、アメリカ

□앉아 있다：座っている　　　　□설명：説明

□들어 있다：入っている　　　　□적혀 있다：書いてある、
　　　　　　　　　　　　　　　　　載っている
□꽃이 피다：花が咲く

101

> 基本構文
>
> 〜たいです。
> 〜고 싶어요.

・・・ **基本フレーズ** ・・・・・・・・・・・・・・・・・・・・・・・・・・・・

한국요리를 배우고 싶어요.

ハングンヨリルル　　　ベウゴ　　　シポヨ

韓国料理を習いたいです。

・・・ **ポイント解説** ・・・・・・・・・・・・・・・・・・・・・・・・・・・・

　「〜たいです」という希望を表したいときは、「動詞語幹＋고 싶어요」を使います。

＊助詞に注意！

・「〜 が したいです」も「〜 を したいです」も韓国語では「〜 를 / 을 하고 싶어요」を使うので注意しましょう。

　何がしたいですか？　　　　　　무엇을 하고 싶어요?

　韓国料理が食べたいです。　한국요리를 먹고 싶어요.

・「〜 に 会う、〜 に 乗る」も助詞「를 / 을」を使います。

　友達に会いたい　　　친구를 만나고 싶어요.

　船に乗りたい　　　　배를 타고 싶어요.

・「〜 に なりたい」は「〜 가 / 이 되고 싶어요」。(p103 **4**)

　友達になりたいです。　　　　친구가 되고 싶어요.

　アイドルになりたいです。　아이돌이 되고 싶어요.

1 済州島の海を見たいです。　제주도 바다를 보고 싶어요.
チェジュド　パダルル　ポゴ　シポヨ

- -

2 ブランド物のバッグを　명품백을 사고 싶어요.
買いたいです。　ミョンプムペグル　サゴ　シポヨ

- -

3 家に帰りたいです。　집에 가고 싶어요.
チベ　ガゴ　シポヨ

- -

4 アイドルになりたいです。　아이돌이 되고 싶어요.
アイドリ　デゴ　シポヨ

- -

5 弘大前に行ってみたい　홍대앞에 가보고 싶어요.
です。　ホンデアペ　カボゴ　シポヨ

- -

6 会いたいです。　보고 싶어요.
ポゴ　シポヨ

5日目

基本構文(4)

単語の解説

□한국요리：韓国料理

□바다：海

□명품백：名品バッグ
→ブランド物バッグ

□집：家

□아이돌：アイドル

□되다：～なる

□홍대앞：弘(益)大(学)前

□보고 싶다：会いたい

103

| 基本構文 | 〜たくないです。 | 〜기 싫어요.
〜고 싶지 않아요. |

基本フレーズ •

가기 싫어요.
カギ　　　シロヨ

行きたくないです。

ポイント解説 •

「〜たくないです」の表現は2通りあります。

① 「〜たいです」の否定形　―前否定　「안　〜고 싶어요」
　　　　　　　　　　　　　　―後否定　「〜고 싶지 않아요」

② 動詞語幹＋기 싫어요
　└─▶「休む→休み」のような動詞の名詞化表現

「動詞語幹＋기 싫어요」
〜すること　嫌です　→ 「〜したくない」という表現になります。

　例えば、「行く」の場合だと、行きたくない度合いは、
가고 싶지 않아요　＜안 가고 싶어요　＜가기 싫어요
の順で強くなります。

1 本当にやりたくないです。 정말 하기 싫어요.
チョンマル ハギ　シロヨ

. . . .

2 勉強したくないです。　 공부하기 싫어요.
コンブハギ　　シロヨ

. . . .

3 本当に年は取りたくない 나이는 정말 먹기 싫어요.
です。　　　　　　　　 ナイヌン チョンマル モッキ　シロヨ

. . . .

4 見たくないです。　　　 안 보고 싶어요.
アンボゴ　　シポヨ

. . . .

5 今、話したくないです。　 지금 얘기하고 싶지 않아요.
チグム　イェギハゴ　シプチ　アナヨ

. . . .

6 今は食べたくないです。　 지금은 먹고 싶지 않아요.
チグムン　モッコ　シプチ　アナヨ

※こんな応用もできます。

疑問形　話したくないですか？　 말하고 싶지 않아요?
マラゴ　シプチ　アナヨ

. . . .

過去形　食べたくなかった。　 먹고 싶지 않았어요.
モッコ　シプチ　アナッソヨ

5日目

基本構文(4)

単語の解説

□나이：年、年齢　　　　　　　　□얘기하다：話をする

□나이를 먹다：年を取る　　　　　※이야기하다の縮約形

□말하다：話す

105

基本構文

～（し）やすいです。
～기 쉬워요.

・・ 基本フレーズ ・・・・・・・・・・・・・・・・・・・・・・・・・・・・・・

한국어는 배우기 쉬워요.

ハングゴヌン　　　ペウギ　　　シウォヨ

韓国語は習いやすいです。

・・ ポイント解説 ・・・・・・・・・・・・・・・・・・・・・・・・・・・・・・

動詞の名詞化表現、「動詞語幹＋기」の使い方（その２）です。

＊「動詞語幹＋기 쉬워요」は「～（し）やすい」の代表的な表現です。

「動詞語幹＋기」 쉬워요　（基本形は「쉽다：簡単だ、易しい」）

| ～すること | | 簡単です | 　→ 　「～（し）やすい」になります。

＊「～しやすい」は、内容によって「쉬워요」の代わりに

「動詞語幹＋기」 편해요 （楽です）

「動詞語幹＋기」 좋아요 （いいです）も使います。

＊「食べやすい」という表現を状況で使い分けると上級者！

状況	言い方	意味
（ミカンは皮むきが簡単で）	먹기 쉬워요	食べ方が簡単
（小さく切ってあって）	먹기 편해요	楽に食べられる
（辛くなくて子供でも）	먹기 좋아요	食べるのに適している

1 番号を覚えやすいです。　　번호를 외우기 쉬워요.
　　　　　　　　　　　　　　　ポノルル　ウェウギ　シウォヨ

2 グーグルマップで見つけや　구글맵으로 찾기 쉬워요.
すいです。　　　　　　　　　ググルメブロ　チャッキ　シウォヨ

3 こういう言葉は間違えやす　이런 말은 틀리기 쉬워요.
いです。　　　　　　　　　　イロン　マルン　トゥリギ　シウォヨ

4 このアイペンシルはライン　이 펜슬, 라인 그리기
を描きやすいです。　　　　　イ　ペンスル　ライン　クリギ

　　　　　　　　　　　　　　쉬워요.
　　　　　　　　　　　　　　シウォヨ

5 その本はわかりやすいです。그 책은 공부하기 쉬워요.
　　　　　　　　　　　　　　ク　チェグン　コンブハギ　シウォヨ

6 このレシピは作りやすいで　이 레시피는 만들기 쉬워요.
す。　　　　　　　　　　　　イ　レシピヌン　マンドゥルギ　シウォヨ

※こんな応用もできます。

過去形	見つけやすかった？	찾기 쉬웠어요?
	すぐわかった？	チャッキ シウォッソヨ

否定形	ソウルは運転しやすく	서울은 운전하기 쉽지
	ないです。	ソウルン ウンジョナギ シプチ
	〔運転するのが大変〕	않아요.
		アナヨ

単語の解説

□한국어（＝한국말）：韓国語　　□틀리다：間違える

□번호：番号　　　　　　　　　　□펜슬：ペンシル

□외우다：覚える、暗記する　　　□그리다：描く

□찾다：探す、見つける　　　　　□운전하다：運転する

基本構文

〜 （し）にくいです。　〜기 불편해요.
　　　　　　　　　　　　〜기 어려워요.
　　　　　　　　　　　　〜기 힘들어요.

・・・ 基本フレーズ ・・・・・・・・・・・・・・・・・・・・・・・・・・・・・・・・・・・・・

게장은 먹기 불편해요.

ケジャンウン　モッキ　　ブルピョネヨ

ケジャンは食べにくいです。

・・・ ポイント解説 ・・・・・・・・・・・・・・・・・・・・・・・・・・・・・・・・・・・・・

動詞の名詞化表現、「動詞語幹＋기」の使い方（その3）です。

＊「動詞語幹＋기」に、불편하다（不便だ）、힘들다（大変だ）、어렵다（難しい）をくっ付けて、「〜（し）にくい」「〜（し）づらい」という意味になります。一番よく使われるのは「〜기 힘들어요」です。

＊「〜食べにくい」という表現を内容によって使い分けると上級者！

状況	言い方	意味
（殻が固くて）	먹기 불편해요	食べにくい
（殻が固くて）	먹기 힘들어요	食べるが大変だ
（高くて）	먹기 어려워요	食べるのが難しい

1 天気は予想しにくいです。　날씨는 예상하기 어려워요.
ナルシヌン　イェサンハギ　オリョウォヨ

2 物価が高くて暮らしにくい　물가가 비싸서 살기
です。　ムルカガ　ビッサソ　サルギ

힘들어요.
ヒムドゥロヨ

3 文字が小さくて読みにくい　글씨가 작아서 읽기
です。　クルシガ　ジャガソ　イルキ

힘들어요.
ヒムドゥロヨ

4 覚えにくいです。　외우기 힘들어요.
ウェウギ　ヒムドゥロヨ

5 パッチムは発音しにくい　받침은 발음하기 어려워요.
です。　パッチムン　パルマギ　オリョウォヨ

6 このアプリは使いにくい　이 앱은 쓰기 불편해요.
です。　イ　エブン　ッツギ　ブルピョネヨ

5日目

基本構文(4)

単語の解説

□예상하다：予想する　　　　□작다：小さい、（背が）低い

□물가：物価　　　　　　　　□발음하다：発音する

□살다：暮らす、住む　　　　□앱：アプリ

□글씨：文字

109

スマホや携帯でハングルを入力してみよう

• •

　言わずと知れたネット大国、韓国。ソウルならカフェや駅などいろいろな所で Wi-Fi が拾えます。スマートフォンの普及率も 94% で世界一だそうです。

　スマートフォンの便利さは、手の平サイズのコンピューターといったところでしょうか。

　日本語や英語だけでなく、設定を変えれば様々な言語で入力できる、SNS ですぐに世界とつながれる…大学の卒論の準備に図書館通いで調べ物をし、タイプライターで論文を書いた世代にとって、スマートフォンはまさに奇跡のツールなのです。

　それではまず、スマートフォンに韓国語を追加してみましょう。追加方法は、アンドロイドか iPhone で少し違うようですが、「ハングル入力」で検索すると、詳しく出ています。

　iPhone なら、「設定」→「一般」→「キーボード」→「新しいキーボードを追加」→「韓国語」を選択→韓国語画面からキーボード入力方式

（標準 か 10 キー）を選択→完了です。

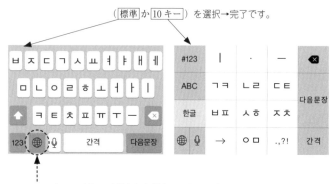

このマークをタッチして言語を切り替えることができます。

キーボード入力方式で、|標準|はパソコン用のキーボードと同じ配列で、パソコンをよく使う人は文字の位置がわかるからと好まれていますが、小さい画面上で操作すると一つ一つのキーが小さくて誤打が発生しやすい、というデメリットがあります。

　|10 キー|は、中央上の「｜」「・」「ー」の3つが母音で、その下の3段が子音です。この母音は天「・」地「ー」人「｜」と言います。

　世宗大王の命を受け、学者らがハングルを作るとき、子音は音を発する時の口腔の形を模し、母音には天地人の理念を表したと伝えられており、現在の母音もこの3つの組み合わせから成っています。

具体的な入力方法は、매なら、

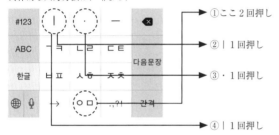

→ ①ここ2回押し
→ ②｜1回押し
→ ③・1回押し
→ ④｜1回押し

　1つの文字を入力するのに4ステップ…慣れると速く打てるらしいです。何より大きなメリットは、一つ一つのキーが大きいので、誤打が少なくなること…らしいです。（私は10分で諦めました。）

　初めに使うものが手になじむというか、慣れるので、韓国では10キーを使う人がとても多いです。皆さんもチャレンジしてみてはいかがでしょうか。

6日目

基本構文（5）

| 基本構文 | ～です〔～なさいます〕。
～ですか？ | ～(으)세요.
～(으)세요？ |

• • • **基本フレーズ** •

저희 부모님이세요.

チョイ　　　　プモニミセヨ

私の両親です。

• • • **ポイント解説** •

　「用言＋(으)세요」は、2日目の「～입니다～이에요」より、さらに丁寧な「～です」「～ですか？」の表現です。

＊用言へのくっ付き方

	基本形	語尾＋	くっ付いた形
パッチムあり	괜찮다	＋으세요	괜찮으세요
パッチムなし	어울리다	＋세요	어울리세요
パッチムㄹ	팔다	＋세요	파세요
～だ	이다	＋세요	名詞이세요
ある	있다	＋으세요	있으세요

　目上の人や初めて会う人、店員のお客様に対しての表現として使います。自分や物に対しては使いません。韓国の敬語は、年齢・職位をもとにした絶対敬語です。身内に対しても、身内のことを他人に話すときも敬語を使うので、日本語のように他社の人に「○○（自社の社長の名前）はただいま出かけております」とは言いません。呼称には「～님」（～様）を付け、「お出かけになっています」と敬語を使います。

１ お元気そうですね。

좋아 보이세요.
チョア　ボイセヨ

. . . .

２ 先生は明日いらっしゃいます。

선생님은 내일 오세요.
ソンセンニムン　ネイル　オセヨ

. . . .

３ よくお似合いです。

잘 어울리세요.
チャル　オウリセヨ

. . . .

４ いつ帰られますか？

언제 가세요?
オンジェ　カセヨ

. . . .

５ お味は大丈夫でしょうか？

맛은 괜찮으세요?
マスン　ゲンチャヌセヨ

. . . .

６ 寒いですか？

추우세요?
チュウセヨ

※こんな応用もできます。

| 否定疑問文 | 寒くないですか？ |

안 추우세요?
アンチュウセヨ

6日目

基本構文(5)

単語の解説

□저희：私（の）、私たち（の）　　□어울리다：似合う

□부모님：両親　　　　　　　　　□괜찮다：大丈夫だ

□선생님：先生

115

基本構文

〜してください。
〜(으)세요.

・・ 基本フレーズ ・・・・・・・・・・・・・・・・・・・・・・・・・・

여기에서 기다리세요.
ヨギエソ　　　　キダリセヨ

ここで待ってください。

・・ ポイント解説 ・・・・・・・・・・・・・・・・・・・・・・・・・・

　6日目①と同じ形「〜(으)세요」で、穏やかな命令「〜してください」を表します。

＊5日目①での「〜してください（〜아/어 주세요)」は、主に「(私のために) 〜てください」の意味合いでしたが、命令・要請の意味を含む「〜てください」の場合は「〜(으)세요」を使います。
　「〜(으)세요」は、6日目①と②で見てきたように、敬語平叙文・敬語疑問文・敬語命令文の表現と、会話体では一つの表現で3通りの言い方ができますが、公的機関や放送、会社などフォーマルな場面では次のように使い分けます。

	会話敬語	フォーマルな敬語
待ってらっしゃいます	기다리세요	기다리십니다
待ってらっしゃいますか？	기다리세요?	기다리십니까?
待ってください	기다리세요	기다리십시오

1 これ、受け取ってください。 이거 받으세요.
　　　　　　　　　　　　　　イゴ　　パドゥセヨ

2 楽にお座りください。 편하게 앉으세요.
　　　　　　　　　　　ピョナゲ　　アンズセヨ

3 こちらに来てください。 이쪽으로 오세요.
　　　　　　　　　　　イチョグロ　　オセヨ

4 そうしてください。 그렇게 하세요.
　　　　　　　　　クロッケ　　ハセヨ

5 先に食事してください。 먼저 식사하세요.
　　　　　　　　　　　モンジョ　シクサハセヨ

6 早く行くには地下鉄に
　 乗ってください。

빨리 가려면 지하철을
パルリ カリョミョン チハチョルル

타세요.
タセヨ

単語の解説

□편하게：楽に 　　　　　□식사하다：食事する

□그렇게：そのように（して）　□가려면：行くには

□먼저：先に 　　　　　　□지하철：地下鉄

> **基本構文**
>
> 〜しないでください。
>
> **〜지 마세요.**

・・**基本フレーズ**・・・

여기서는 사진을 찍지 마세요.

ヨギソヌン　　サジヌル　　チクチ　　マセヨ

ここでは写真を撮らないでください。

・・**ポイント解説**・・・

　「〜（し）ないで！」という禁止命令の時は「〜지 마세요」を使って表します。

＊用言へのくっ付き方

　動詞や形容詞の後否定「〜지 않아요」（〜しません・〜くないです）と同じように、動詞の語幹にそのままくっ付きます。

　　먹다　　→　　먹지 마세요

　　食べる　→　　食べないでください

118

1 芝生に入らないでください。 잔디에 들어가지 마세요.
チャンディエ ドゥロガジ　　マセヨ

- -

2 忘れないでください。 잊지 마세요.
イッチ　マセヨ

- -

3 驚かないでください。 놀라지 마세요.
ノルラジ　マセヨ

- -

4 ここにゴミを捨てないで
ください。
여기에 쓰레기를 버리지
ヨギエ　　スレギルル　　ボリジ

마세요.
マセヨ

- -

5 飲みすぎないでください。 너무 많이 마시지 마세요.
ノム　マニ　マシジ　マセヨ

- -

6 怒らないでください。 화내지 마세요.
ファネジ　マセヨ

6日目

基本構文(5)

単語の解説

□사진 : 写真

□찍다 : 撮る

□잔디 : 芝生

□들어가다 : 入る

□잊다 : 忘れる

□놀라다 : 驚く

□쓰레기 : ゴミ

□버리다 : 捨てる

□화내다 : 怒る、腹を立てる

基本構文	～しに行く〔来る〕 **～(으)러 가요〔와요〕**

・・・ **基本フレーズ** ・・・・・・・・・・・・・・・・・・・・・・・・・・・・・・

도서관에 공부하러 가요.
トソガネ　　　　コンブハロ　　　ガヨ

図書館に勉強しに行きます。

・・・ **ポイント解説** ・・・・・・・・・・・・・・・・・・・・・・・・・・・・・・

　「～(으)러」は、가다 (行く)、오다 (来る)、다니다 (通う)」 など、移動する動詞を伴って、移動する目的を表す「～ (し) に・ ～するために」 という表現です。

＊動詞へのくっ付き方

●動詞語幹の最後の音が 「パッチムあり」 の場合は、＋　으러

먹다　→　먹으러 가요
食べる　　　　食べに行きます

●動詞語幹最後の音が 「ㄹパッチム」 「パッチムなし」 の場合は、 ＋　러

쉬다　→　쉬러 가요
休む　　　　休みに行きます

놀다　→　놀러 가요
遊ぶ　　　　遊びに行きます

1 一緒にご飯を食べに行きます。
같이 밥 먹으러 가요.
ガチ　　パンモグロ　　ガヨ

2 ミュージカルを観に行きます。
뮤지컬 보러 가요.
ミュジコル　ボロ　　ガヨ

3 テレビ番組観覧に行きたいです。
티브이 프로 방청하러
ティビ　　プロ　バンチョンハロ

가고 싶어요.
カゴ　　シポヨ

4 食事に来てください。
식사하러 오세요.
シクサハロ　　オセヨ

5 化粧品を買いに行きます。
화장품　사러 가요.
ファジャンプム　サロ　　ガヨ

6 遊びに行きます。
놀러 가요.
ノルロ　ガヨ

※こんな応用もできます。

疑問形　何を買いに行くんですか？
뭐 사러 가요?
モ　サロ　ガヨ

過去形　遊びに来ました。
놀러 왔어요.
ノルロ　ワッソヨ

単語の解説

□도서관：図書館

□같이：一緒に

□뮤지컬：ミュージカル

□티브이：TV、テレビ

□프로：番組

□방청：観覧　※漢字で書くと「傍聴」

□화장품：化粧品

□놀다：遊ぶ

6日目
基本構文
(5)

121

基本構文	～してもいいです。	～ 아/어도 돼요.
	～してもいいですか？	～ 아/어도 돼요?

・・・ **基本フレーズ** ・・・・・・・・・・・・・・・・・・・・・・・・・・・・・

SNS 에 올려도 돼요?

エスエヌエス エ　オルリョド　　デヨ

SNSにアップしてもいいですか？

・・・ **ポイント解説** ・・・・・・・・・・・・・・・・・・・・・・・・・・・・・

「用言語幹＋아/어도 돼요」は「～してもいいです・大丈夫です」という表現です。また、語尾をしり上がりに発音すれば「～してもいいですか？」と許可を求める表現になります。

＊돼요は、基本形되다の어요活用で되어요、これが縮まって돼요になったものです。

＊くっ付き方

「아요/어요活用の요を取った形＋도 돼요」となります。

먹어요　　→　먹어도 돼요
食べます　　　　　食べてもいいです

해요　　→　해도 돼요
します　　　　　してもいいです

안 해요　→　안 해도 돼요
しないです　　　　しなくてもいいです

1 写真を撮ってもいいですよ。

사진 찍어도 돼요.
サジン　チゴド　デヨ

2 なくても大丈夫です。

없어도 돼요.
オプソド　デヨ

3 お金を出さなくても大丈夫
です。

돈 안 내도 돼요.
ドン　アンネド　デヨ

4 これ、食べてもいいですか？

이거 먹어도 돼요?
イゴ　モゴド　デヨ

5 今、電話してもいいですか？

지금 전화해도 돼요?
チグム　チョナヘド　デヨ

6 遊びに行ってもいいですか？

놀러 가도 돼요?
ノルロ　ガド　デヨ

※こんな応用もできます。

疑問形　試験なのに勉強しなくても
いいですか？

시험인데, 공부 안 해도
シホミンデ　コンブ　アネド

돼요?
デヨ

単語の解説

□올리다：アップする、上げる

□돈 (을) 내다：お金を出す

□이거：これ

　※이것の会話体

□시험：試験、テスト

基本構文	〜ればいいです。	〜 (으)면 돼요.
	〜ればいいですか？	〜 (으)면 돼요?

・・ **基本フレーズ** ・・・・・・・・・・・・・・・・・・・・・・・・・・・

똑바로 가면 돼요.
トクパロ　カミョン　デヨ

まっすぐ行けばいいですよ。

・・ **ポイント解説** ・・・・・・・・・・・・・・・・・・・・・・・・・・・

「用言語幹＋면 돼요」は「〜すればいいです・大丈夫です」という表現で、語尾をしり上がりに発音すれば「〜すればいいですか？」疑問形になります。

＊用言へのくっ付き方
●語幹の最後の音が「パッチムあり」の場合は、＋　으면 돼요

먹다　→　먹으면 돼요
食べる　　　食べればいいです

●語幹最後の音が「ㄹパッチム」「パッチムなし」の場合は
　＋　면 돼요

놀다　→　놀면 돼요
遊ぶ　　　遊べばいいです

가다　→　가면 돼요
行く　　　行けばいいです

124

1 ここで乗ればいいです。

여기에서 타면 돼요.
ヨギエソ　タミョン　デヨ

. . . .

2 ただ覚えればいいです。

외우기만 하면 돼요.
ウェウギマン　ハミョン　デヨ

. . . .

3 この薬は食後に飲めば
　いいですよ。

이 약은 식후에 먹으면
イ　ヤグン　シクエ　モグミョン

돼요.
デヨ

. . . .

4 どのようにすればいい
　ですか？

어떻게 하면 돼요?
オトッケ　ハミョン　デヨ

. . . .

5 そのまま食べればいい
　ですか？

그냥 먹으면 돼요?
クニャン　モグミョン　デヨ

. . . .

6 ネットで予約すればいい
　ですか？

인터넷으로 예약하면
イントネスロ　イェヤカミョン

돼요?
デヨ

単語の解説

□똑바로：まっすぐ　　　　　　□그냥：そのまま

□약：薬　　　　　　　　　　　□인터넷：インターネット

□식후：食後　　　　　　　　　□예약：予約

□어떻게：どのように、どう

基本構文	〜てはいけません。	〜 (으)면 안 돼요.
	〜てはダメですか？	〜 (으)면 안 돼요?

・・・ **基本フレーズ** ・・・・・・・・・・・・・・・・・・・・・・・・・・・

여기서는 촬영하면 안 돼요.

ヨギソヌン　チャリョンハミョン　アンデヨ

ここで撮影してはいけません。

・・・ **ポイント解説** ・・・・・・・・・・・・・・・・・・・・・・・・・・・

　「用言語幹＋(으)면 안 돼요」は、6日目⑥の禁止パターンで、
「〜してはいけません」「〜したらダメです」という意味です。

＊「(으)면」は、仮定の「〜すれば」「〜したら」という意味な
ので、簡単にまとめると次のようになります。

	平叙文	疑問文
～(으)면 (～したら)	돼요　　　(OK)	돼요?　　　(OK ?)
	안 돼요　(ダメ)	안 돼요?　(ダメ?)
	좋겠어요 (いいな)	좋겠어요?　(いいと思う?)

1 忘れてはいけません。

잊어버리면 안 돼요.
イジョボリミョン　アンデヨ

2 遅刻してはいけません。

지각하면 안 돼요.
チガカミョン　アンデヨ

3 これ以上飲んではいけません。

더 이상 마시면 안 돼요.
トイサン　マシミョン　アンデヨ

4 先に行ってはいけないですか？

먼저 가면 안 돼요?
モンジョ ガミョン　アンデヨ

5 やったらダメですか？

하면 안 돼요?
ハミョン　アンデヨ

6 中に入ったらダメですか？

안에 들어가면 안 돼요?
アネ　ドゥロガミョン　アンデヨ

6日目

基本構文(5)

※こんな応用もできます。

・覚えなきゃダメ？

안 외우면 안 돼요?
アネウミョン　アンデヨ

・これ以上太ったらいけない
んだけど。

더 이상 살찌면 안 되는데.
ト イサン サルチミョン　アンデヌンデ

単語の解説

□촬영：撮影

□잊어버리다：忘れてしまう

□지각하다：遅刻する

□더 이상：これ以上

□먼저：先に

□들어가다：入る

□살찌다：太る

127

基本構文

～（する）ことができます。／～（ら）れます。

～ㄹ 수 있어요. ／ ～을 수 있어요.

基本フレーズ

한국말을 조금 할 수 있어요.

ハングンマルル　チョグム　ハルス　　イッソヨ

韓国語が少しできます。

ポイント解説

「～을 수 있어요」は動詞にくっ付いて「～することができる」「～（ら）れる」という可能を表す表現です。

＊くっ付き方

●動詞語幹の最後の音が「パッチムあり」の場合は、＋ 을 수 있어요

먹다 → **먹을 수 있어요**

食べる　　　　　食べることができます

●動詞語幹最後の音が「パッチムなし」の場合は、＋ ㄹ 수 있어요

하다 → **할 수 있어요**

します　　　（することが）できます

「～을 수 있어요」の否定表現は「～을 수 없어요」「～できない」

＊動詞以外では、「可能性がある」という意味で使います。

・학생일 수 있어요　　学生である可能性があります

　　　　　　　　　　　（学生かもしれません）

・추울 수 있어요　　　寒い可能性があります

　　　　　　　　　　　（寒いかもしれません）

128

1 明日、行けます。　　　　内일 갈 수 있어요.
ネイル　カルス　イッソヨ

2 早く起きられます。　　　일찍 일어날 수 있어요.
イルチック　イロナルス　イッソヨ

3 漢字で書くことができます。한자로 쓸 수 있어요.
ハンチャロ　スルス　イッソヨ

4 一人で行けます。　　　　혼자 갈 수 있어요.
〔一人で帰れます。〕　　　ホンジャ　カルス　イッソヨ

5 運転できます。　　　　　운전할 수 있어요.
ウンジョンハルス　イッソヨ

6 辛いものも食べられます。　매운 것도 먹을 수 있어요.
メウン　ゴット　モグルス　イッソヨ

※こんな応用もできます。

疑問形　いつ来られますか？　언제 올 수 있어요?
オンジェ　オルス　イッソヨ

過去形　一人でもできたんだけど。혼자서 할 수 있었는데.
ホンジャソ　ハルス　イッソンヌンデ

6日目

基本構文 (5)

単語の解説

□조금 : 少し　　　　　　□운전하다 : 運転する

□한자 : 漢字　　　　　　□매운 것 : 辛いもの

□혼자 : ひとり　　　　　□혼자서 : ひとりで

基本構文

（たぶん）～と思います。／～そうです。

～ㄹ 것 같아요. / ～을 것 같아요.

・・・ **基本フレーズ** ・・・・・・・・・・・・・・・・・・・・・・・・・・・

내일은 따뜻할 것 같아요.

ネイルン　　　タトゥタルコ　　　ガタヨ

明日はたぶん暖かいと思います。

・・・ **ポイント解説** ・・・・・・・・・・・・・・・・・・・・・・・・・・・

「～을 것 같아요」は「たぶん～と思う」「～しそうだ」という
推測や気持ちを表す表現です。

＊くっ付き方
●語幹の最後の音が「パッチムあり」の場合は ＋ 을 것 같아요

좋다　→　좋을 것 같아요

いい　　　　　　　いいと思います

●語幹最後の音が「パッチムなし」の場合は　＋　ㄹ 것 같아요

따뜻하다　→　따뜻할 것 같아요

暖かい　　　　　　　　　暖かそうです

●過去形の場合は　＋　을 것 같아요

없었다　→　없었을 것 같아요

なかった　　　　　なかったと思います

1 できると思います。　　　　할 수 있을 것 같아요.
〔できそうです。〕　　　　　　ハル ス イッスルコ　ガタヨ

. . . .

2 いいと思います。　　　　　좋은 것 같아요.
　　　　　　　　　　　　　　　ジョウンゴ　　ガタヨ

. . . .

3 似合うと思います。　　　　어울릴 것 같아요.
　　　　　　　　　　　　　　　オウリルコ　　　ガタヨ

. . . .

4 大丈夫だと思います。　　　괜찮을 것 같아요.
　　　　　　　　　　　　　　　ケチャヌルコ　　ガタヨ

. . . .

5 お腹が空いて死にそうです。배고파서 죽을 것 같아요.
　　　　　　　　　　　　　　　ペゴパソ　　　ジュグルコ　　ガタヨ

. . . .

6 涙が出そうです。　　　　　눈물이 날 것 같아요.
　　　　　　　　　　　　　　　ヌンムリ　ナルコ　　　ガタヨ

※こんな違いがあります。

2 좋은 것 같아요は「いいと思います」〔今の感じ〕

　좋을 것 같아요は「いいと思います」〔未経験だけど推測〕

単語の解説

□~것：~もの、こと　　　　□죽다：死ぬ

□따뜻하다：暖かい　　　　　□눈물이 나다：涙が出る

□할 수 있다：できる

□괜찮다：大丈夫だ

131

基本構文	（これから）〜します。 〜ㄹ게요. / 〜을게요.

・・・ **基本フレーズ** ・・・・・・・・・・・・・・・・・・・・・・・・・・・・・・・・・・・・・・

전 이걸 먹을게요.

チョン イゴル　　モグルケヨ

私はこれを食べます。

・・・ **ポイント解説** ・・・・・・・・・・・・・・・・・・・・・・・・・・・・・・・・・・・・・・

「〜을 게요」は、自分の意志や約束を表す表現です。

日本語では「毎朝パンを食べます」（いつもの習慣）も、レストランの注文で「私はこれを食べます」（まだ起きていない未来のこと）も区別をしませんが、韓国語では分けて使うので注意しましょう。

＊くっ付き方

●語幹の最後の音が「パッチムあり」の場合は　＋　을게요

먹다　→　먹을게요

食べる　　　（これから）食べます

●語幹最後の音が「パッチムなし」の場合は　＋ㄹ게요

일어나다　→　일어날게요

起きる　　　　　　　起きます

（席から立ち上がる）

132

1 私はそろそろ失礼します。　**전 그만 일어날게요.**
チョン クマン　イロナルケヨ

2 コーヒーは私がおごります。**커피는 제가 살게요.**
コピヌン　ジェガ　サルケヨ

3 私が書いて差し上げます。　**제가 써드릴게요.**
チェガ　ッソドゥリルケヨ

4 明日、そちらに行きます。　**내일 그쪽으로 갈게요.**
ネイル　クチョグロ　　カルケヨ

5 私はここで待っていますね。**저는 여기 있을게요.**
〔ここにいますね。〕　　　　チョヌン ヨギ　イッスルケヨ

6 今度また来ますね。　　　**다음에 또 올게요.**
ダウメ　ット　オルケヨ

6日目 — 基本構文⑸

単語の解説

□전：私は　※저는の縮約形　　□제가：私が

□이걸：これを　※이것을の縮約形　□써드리다：書いて差し上げる

□그만：それぐらいにして、そろそろ　□다음에：次に、今度

□일어나다：立ち上がる　　　　□또：また

　※転じて、「帰る」

133

国民的SNS「カカオトーク」
카카오톡 (카톡)

・・

　スマートフォンの普及と共に、急成長を遂げた（株）カカオの提供する「カカオトーク（kakaotalk）」は、スマホを持っている韓国人ならほとんどの人が入れているアプリなのです。

　日本はライン、中国だとウィチャット（微信）、韓国では圧倒的にkakaotalk で、韓国では「**카카오톡**」を縮めた「카톡、카카오、톡」という言い方で親しまれています。

　スマホ以前では、문자（文字：ショートメール）を主に使っていて、「문자 보낼게（メールするね）」と言っていたのが、今や「카카오톡」の「톡」に「하다（する）」をくっつけて、「톡하다」「카톡하다」という動詞を作り出し、

　톡할게！(카톡할게)　　（カカオトークで連絡するね）
　나중에 톡하자　　　　　（あとでカカオトーク上で話し合おうね）
　카톡으로 보내요　　　　（カカオトークで送ってね）
というふうに変わりました。

　カカオトークを韓国語表示したい場合は、スマホ端末の言語設定を韓国語に変える必要がありますが、LINE はラインアプリの設定から簡単に言語を変えることができます。

　設定を韓国語に変えると、「トーク」は「대화」、「既読」は「읽음」、「お知らせ」は「알림」、「スタンプ」は「스티커」、「写真・動画」は「사진・동영상」と表示されるので、韓国語がもっと身近に感じられるかもしれません。

SNS表現

・・・

　LINE やカカオ（カカオ）、페이스북（フェイスブック）、인스타그램（インスタグラム）、트위터（ツイッター）など、多くの人が SNS を利用していますが、「フォロー」は「팔로우」、「いいね」は「좋아요」、「シェア」は「공유하기」、「コメント」は「댓글달기（コメントをつける）」と言います。

　SNS において、韓国語で「#（ハッシュタグ）」をつけて投稿した際に、知らない人から「맞팔해요（互いにフォローしましょう）」とか、「소통하고 지내요（コミュニケーションしましょう）」などのコメントがついたら、大抵がフォロワー数稼ぎのためのものなので、無視するほうがよいでしょう。

　SNS では、言葉などもどんどん簡略に記号化されています。そのうちのいくつかを紹介します。

ㅇㅇ：「응」（肯定を表す「うん」）の子音だけ。
　　　強調したいときは「ㅇ」をたくさん並べます。
ㅇㅋ：「오케이（オーケー）」の子音だけ。
ㅋㅋ：「ㅋㅋㅋ」〔含み笑いの擬声語〕の子音だけ。
　　　日本においての「笑」や「www」と同じように使います。
ㅎㅎ：笑い声の「흐흐、후후、헤헤、하하」の擬声語の子音だけ。
　　　同じ「笑」の意味ですが、「おかしい・笑える」という場面より、
　　　話し手の表情が微笑みを称えている、という意味合いで使います。
ㅠㅠ：目をつぶった形、「유」の母音だけで表します。
　　　「残念だ・それは悲しいかも」という感情のときに使います。

　カカオトークやラインでは、文字以外にも気持ちを表すスタンプがありますが、LINE だと「스티커」、カカオトークだと「이모티콘」と言います。友達同士でプレゼントし合ったりして楽しんでいます。

7日目

会話 実践編

---

① おはよう。／こんにちは。／こんばんは。

······································

② おはよう。／こんにちは。／こんばんは。〔丁寧〕

······································

③ さようなら。

······································

④ さようなら。〔誰かの家に訪問した際、家の人に〕

······································

⑤ また明日。

······································

⑥ また後で。

······································

⑦ ではまた今度。

······································

⑧ また今度。〔目上に対して〕

······································

⑨ （それでは）帰ります。〔目上に対して〕

······································

⑩ 気をつけてお帰りください。

······································

⑪ じゃあね。

語句	내일	「明日」	또	「また」
	나중에	「後で」	그럼	「それでは」
	다음	「次、次の」		

안녕하세요?
アンニョンハセヨ

안녕하십니까?
アンニョンハシムニカ

안녕히 가세요.
アンニョンイ　ガセヨ

안녕히 계세요.
アンニョンイ　ゲセヨ

내일 봐요.
ネイル　バヨ

나중에 봐요.
ナジュンエ　バヨ

다음에 또 만나요.
タウメ　ット　マンナヨ

다음에 또 뵙겠습니다.
タウメ　ット　ベッケッスムニダ

그럼 들어가겠습니다.
クロム　トゥロガゲッスムニダ

조심해서 들어가세요.
チョシムヘソ　トゥロガセヨ

잘 가.
チャル　ガ

7日目

会話　実践編

139

① お元気でしたか？

. . . .

② いかがお過ごしでしたか？

. . . .

③ はい、おかげさまで。

. . . .

④ はい、おかげさまで。〔元気に過ごせました。〕

. . . .

⑤ 顔色が良く見えます。

. . . .

⑥ 最近忙しい？

. . . .

⑦ よく眠れましたか？〔目上に対しての「おはようございます。」〕

. . . .

⑧ よく眠れた？〔朝のあいさつ〕

. . . .

⑨ おやすみなさい。〔目上に対して〕

. . . .

⑩ おやすみ。

語句	잘	「よく」	덕분	「おかげ」
	어떻게	「いかが、どのように」	얼굴	「顔」
	네	「はい、ええ」	요즘	「最近」

잘 지냈어요?
チャル　チネッソヨ

어떻게 지내셨어요?
オットッケ　　チネショッソヨ

네. 덕분에요.
ネ　　　トクプネヨ

네 잘 지냈어요.
ネ　チャル　チネッソヨ

얼굴이 좋아보이세요.
オルグリ　　　チョアボイセヨ

요즘 바쁘세요?
ヨジュム　　パプセヨ

안녕히 주무셨어요?
アニョンイ　チュムショッソヨ

잘잤어요?
チャルチャッソヨ

안녕히 주무세요.
アニョンイ　　チュムセヨ

잘자요.
チャルヂャヨ

会話　実践編

141

① ありがとう。

. . . .

② 本当にありがとうございます。

. . . .

③ どうもありがとうございます。〔感謝します。〕

. . . .

④ ごめんなさい。

. . . .

⑤ 申し訳ありません。

. . . .

⑥ お疲れさまでした。

. . . .

⑦ どういたしまして。

. . . .

⑧ いいんですよ。〔大したことじゃないですよ。〕

. . . .

⑨ いいんですよ。〔問題ありません。〕

. . . .

⑩ 気にしないでください。

語句　정말「本当に」　　신경　　「神経」
　　　　감사「感謝」　　신경쓰다「気をつかう」
　　　　수고「苦労」

고마워요.
コマウォヨ

정말 고맙습니다.
チョンマル　コマプスムニダ

감사합니다.
カムサハムニダ

미안해요.
ミアネヨ

죄송합니다.
チェソハムニダ

수고 많으셨어요.
スゴ　　　マヌショッソヨ

천만에요.
チョンマネヨ

뭘요.
モルヨ

괜찮아요.
クェンチャナヨ

신경 쓰지 마세요.
シンギョン　ッスジ　　マセヨ

① おめでとう。

. . . .

② おめでとうございます。

. . . .

③ お誕生日おめでとう。

. . . .

④ ご結婚おめでとうございます。

. . . .

⑤ 合格おめでとう。

. . . .

⑥ 幸せになってください。

. . . .

⑦ 本当によかったね。

. . . .

⑧ いい一年でありますように。

. . . .

⑨ 新年おめでとうございます。

. . . .

⑩ メリークリスマス！

語句	생일 「誕生日」	정말 「本当に」
	결혼 「結婚」	새해 「新年」
	합격 「合格」	많이 「たくさん、多く」
	행복 「幸せ」	

축하해요.
チュッカヘヨ

축하드립니다.
チュッカドゥリムニダ

생일 축하해요.
センイル　チュッカヘヨ

결혼 축하합니다.
キョロン　チュッカハムニダ

합격 축하해요.
ハプキョク チュッカヘヨ

행복하세요.
ヘンボカセヨ

정말 잘 됐어요.
チョンマル チャル デッソヨ

좋은 한 해 되세요.
チョウン　ハ　ネ　　デセヨ

새해 복 많이 받으세요.
セヘ　ボン　マニ　　パドゥセヨ

메리 크리스마스！
メリ　　　クリスマス

① はい。

. . . .

② いいえ。

. . . .

③ 違います。

. . . .

④ そうじゃありません。

. . . .

⑤ わかりました。

. . . .

⑥ よくわかりません。

. . . .

⑦ 知っています。

. . . .

⑧ 知りません。

. . . .

⑨ いいですよ。〔できます。〕

. . . .

⑩ できません。／だめです。

語句　알다　「わかる、知っている」
　　　　잘　　「よく」

네.
ネ

아니요.
アニヨ

아니에요.
アニエヨ

그렇지 않아요.
グロッチ　　アナヨ

알겠습니다.
アルゲッスムニダ

잘 모르겠어요.
チャル　モルゲッソヨ

알아요.
アラヨ

몰라요.
モルラヨ

괜찮아요.
ゲンチャナヨ

못 해요.
モ　テヨ

会話　実践編

① こちらは田中さんです。

②　私の高校時代の友人です。

③　私の会社の同僚です。

④　ソウルで知り合った友人です。

⑤　はじめまして。〔はじめてお目にかかります。〕

⑥　私は佐藤です。

⑦　私はマリアと言います。

⑧　名前は何ですか？

⑨　あなたのお名前は何とおっしゃいますか？〔丁寧〕

⑩　お会いできてうれしいです。

語句	이쪽	「こちら」	회사	「会社」
	～씨	「～さん」	서울	「ソウル」
	고등학교	「高等学校」	이름／성함〔丁寧〕	「名前／お名前」
	친구	「友人」	어떻게	「どのように」

이쪽은 다나카 씨예요.
イッチョグン　タナカ　シエヨ

제 고등학교 때 친구예요.
チェ コドゥンハッキョ テ　チングエヨ

제 회사 동료예요.
チェ フエサ　トンリョエヨ

서울에서 알게 된 친구예요.
ソウレソ　アルゲ デン　チングエヨ

처음 뵙겠습니다.
チョウム　ベッケッスムニダ

저는 사토우입니다.
チョヌン　サトウイムニダ

저는 마리아라고 합니다.
チョヌン　マリアラゴ　ハムニダ

이름이 뭐예요?
イルミ　モエヨ

성함이 어떻게 되세요?
ソンハミ　オットッケ　デセヨ

만나서 반갑습니다.
マンナソ　パンガプスムニダ

① いついらっしゃったんですか?

② いつまでいらっしゃいますか?

③ どこに住んでいますか?

④ お仕事は何をされていますか?

⑤ 失礼ですが、おいくつですか?

⑥ なに年ですか?

⑦ ご家族は何人ですか?

⑧ 趣味は何ですか?

⑨ どこの学校ですか?

⑩ 英語はできますか?

語句	언제	「いつ」	나이	「年、年齢」
	~까지	「~まで」	가족	「家族」
	어디	「どこ(に)」	취미	「趣味」
	무슨	「何の」	학교	「学校」
	일	「仕事」	영어	「英語」

언제 오셨어요?
オンジェ　オショッソヨ

언제까지 계세요?
オンジェカジ　ケセヨ

어디 사세요?
オディ　サセヨ

무슨 일을 하세요?
ムスン　イルル　ハセヨ

실례지만, 나이가 어떻게 되세요?
シルレジマン　ナイガ　オットッケ　デセヨ

무슨 띠세요?
ムスン　ティセヨ

가족이 어떻게 되세요?
カジョギ　オットッケ　デセヨ

취미가 뭐예요?
チィミガ　モエヨ

어디 학교세요?
オディ　ハッキョセヨ

영어 할 수 있어요?
ヨンオ　ハル　ス　イッソヨ

① 明日、時間ありますか？

. . . .

② いつが都合がいいですか？〔いつ時間が空きますか？〕

. . . .

③ ちょっと時間を割いてください。

. . . .

④ 一緒に食事しましょう。

. . . .

⑤ 一緒にカラオケ（ボックス）に行きましょう。

. . . .

⑥ 電話してもいいですか？

. . . .

⑦ どこで会いましょうか？

. . . .

⑧ どこか、行きたい所がありますか？

. . . .

⑨ 何時に会いましょう？

. . . .

⑩ いつがいいですか？

語句	내일 「明日」	노래방 「カラオケボックス」
	시간 「時間」	전화 「電話」
	언제 「いつ」	어디 「どこ」
	같이 「一緒に」	몇 시 「何時」

내일 시간 있으세요?
ネイル　シガン　イッスセヨ

언제 시간 나요?
オンジェ　シガン　ナヨ

한번 시간 내주세요.
ハンボン　シガン　ネジュセヨ

같이 식사해요.
カッチ　シクサヘヨ

같이 노래방 가요.
カッチ　ノレバン　ガヨ

전화해도 돼요?
チョナヘド　デヨ

어디에서 만날까요?
オディエソ　マンナルカヨ

어디 가고 싶은 데 있어요?
オディ　カゴ　シップン　デ　イッソヨ

몇 시에 볼까요?
ミョッシエ　ボルカヨ

언제가 좋아요?
オンジェガ　チョアヨ

① 本当にすてきです。

② すごくきれいです。

③ 美人ですね。

④ ハンサムですね。

⑤ スタイルがいいですね。

⑥ とても性格がいいんですね。

⑦ すてき。

⑧ 好きです。

⑨ 愛しています。

⑩ もっと親しくなりたいです。

語句			
정말	「本当に」	미남	「ハンサム、美男」
너무	「すごく、とても」	성격	「性格」
미인	「美人」	더	「もっと」

정말 멋있어요.
チョンマル　モシッソヨ

너무 예뻐요.
ノム　イェッポヨ

미인이세요.
ミイニセヨ

미남이세요.
ミナミセヨ

스타일이 너무 좋으세요.
スタイリ　ノム　チョウセヨ

성격이 좋으신 것 같아요.
ソンキョギ　チョウシンゴッ　カタヨ

멋져요.
モッチョヨ

좋아해요.
チョワヘヨ

사랑해요.
サランヘヨ

더 친해지고 싶어요.
ト　チネジゴ　シッポヨ

① メニューをください。

② これはどんな味ですか？

③ どれが辛くないですか？

④ おすすめ料理は何ですか？

⑤ 辛くないのはないですか？

⑥ これ2人前ください。

⑦ 取り皿をもらえますか？

⑧ お手拭きをもう1つください。

⑨ コーヒーは食後にお願いします。

⑩ これ注文してないんですが。

語句	메뉴	「メニュー」	이거	「これ」
	이건	「これは」	접시	「皿」
	맛	「味」	물수건	「お手拭き、おしぼり」
	어느 게	「どれが」	커피	「コーヒー」
	요리	「料理」	주문	「注文」

메뉴 주세요.
メニュ　チュセヨ

이건 맛이 어때요?
イゴン　マシ　オッテヨ

어느 게 안 매워요?
オヌゲ　アン　メウォヨ

추천 요리는 뭐예요?
チュチョン ヨリヌン　モエヨ

안 매운 거 없어요?
アン　メウンゴ　オプソヨ

이거 2인분 주세요.
イゴ　イインブン　チュセヨ

개인 접시 주시겠어요?
ケイン　チョプシ　チュシゲッソヨ

물수건 하나 더 주세요.
ムルスゴン　ハナ　ド　チュセヨ

커피는 식후에 주세요.
コピヌン　シクエ　チュセヨ

이거 주문 안 했는데요.
イゴ　チュムン　アネヌンデヨ

① お茶しましょうか？

. . . .

② コーヒーを飲みましょう。

. . . .

③ 何か温かいのを飲みましょう。

. . . .

④ 冷たい生ビール1杯、どうですか？

. . . .

⑤ とりあえず、ビールにしましょうか。

. . . .

⑥ 私は焼酎がいいです。

. . . .

⑦ 500を2つください。

. . . .

⑧ おつまみは何にします？

. . . .

⑨ お代わり頼みましょうか？

. . . .

⑩ 乾杯！

語句	차	「お茶」	맥주	「ビール」
	커피	「コーヒー」	소주	「焼酎」
	생맥주	「生ビール」	안주	「おつまみ」
	일단	「とりあえず、いったん」		

차 한잔 할까요?
チャハンヂャン　ハルカヨ

커피 마셔요.
コピ　　マショヨ

뭐 따뜻한 거 마셔요.
モ　タトゥッタンゴ　　マショヨ

시원한 생맥주 한잔 어때요?
シウォナン　センメクチュ　ハンヂャン　オッテヨ

일단 맥주로 할까요.
イルタン　メクチュロ　　ハルカヨ

전 소주가 좋아요.
チョン　ソジュガ　　チョアヨ

500 둘 주세요.
オベックトゥル　チュセヨ

안주는 뭘로 할까요?
アンジュヌン　モルロ　　ハルカヨ

한잔 더 시킬까요?
ハンヂャンド　　シキルカヨ

건배！
コンベ

① この市場にゴマ油を売ってる所、ありますか？

② ノリゲみたいなものを買いたいんだけど、どこにありますか？

③ これ、いくらですか？

④ これ、どういう単位で売ってるんですか？

⑤ これ、着てみてもいいですか？

⑥ イアリングをつけてみてもいいですか？

⑦ これを3個ください。

⑧ サービス〔おまけなど〕ないですか？

⑨ ちょっと安くしてくださいよ。

⑩ どうも。〔買わないで店を出る時〕

語句			
시장	「市場」	얼마	「いくら」
참기름	「ゴマ油」	어떻게	「どのように」
어디	「どこ」	좀	「ちょっと」
이거	「これ」		

여기 시장에 참기름 파는 데 있어요?
ヨギ　シジャンエ　チャムギルム　パヌン　デ　イッソヨ

노리개 같은 거 사고 싶은데, 어디 있어요?
ノリゲ　カットゥン　ゴ　サゴ　シップンデ　オディ　イッソヨ

이거 얼마예요?
イゴ　オルマエヨ

이거 어떻게 팔아요?
イゴ　オットッケ　パラヨ

이거 입어봐도 돼요?
イゴ　イボバド　デヨ

귀걸이 해봐도 돼요?
クィゴリ　ヘバド　デヨ

이걸로 3개 주세요.
イゴルロ　セゲ　チュセヨ

서비스 없어요?
ソビス　オプソヨ

좀 싸게 해주세요.
チョム ッサゲ　ヘジュセヨ

잘 봤습니다.
チャル バッスムニダ

① 新羅ホテルまで。

② 高速バスターミナルまで、お願いします。

③ 仁寺洞まで、（時間が）どれぐらいかかりますか？

④ 4人だけど、乗れますか？

⑤ ちょっと急ぎ目にお願いします。

⑥ ここで降ります。

⑦ あの白い建物の前で止めてください。

⑧ 次の信号の所で降ろしてください。

⑨ いくらですか？

⑩ 領収書をください。

語句			
호텔	「ホテル」	저	「あの」
버스	「バス」	건물	「建物」
터미널	「ターミナル」	앞	「前」
시간	「時間」	신호등	「信号」
얼마나	「どれぐらい」	데	「所」
～명	「～名」	영수증	「領収書」

신라호텔까지요.
シルラホテルカジヨ

고속버스 터미널까지 부탁합니다.
コソクポス　　　トミノルカジ　　　プタカムニダ

인사동까지 시간이 얼마나 걸려요?
インサドンカジ　　シガニ　　オルマナ　　コルリョヨ

4명인데 탈 수 있나요?
ネミョンインデ タルス　　インナヨ

좀 빨리 부탁해요.
チョム パルリ　　プタケヨ

여기에서 내릴게요.
ヨギエソ　　　ネリルケヨ

저 하얀 건물 앞에서 세워주세요.
チョ ハヤン コンムル アッペソ　セウォジュセヨ

다음 신호등 있는 데서 내려주세요.
タウム　シノドゥン インヌン デソ　ネリョジュセヨ

얼마예요?
オルマエヨ

영수증 주세요.
ヨンスジュン　チュセヨ

① 空港行きのバスはどこで乗れますか？

. . . .

② 何番バスですか？

. . . .

③ 電車で行けますか？

. . . .

④ どちらのほうが速いですか？

. . . .

⑤ 切符の買い方がよくわからないのですが…

. . . .

⑥ どこで乗り換えればいいですか？

. . . .

⑦ 降りて、結構歩きますか？

. . . .

⑧ 何号線に乗ればいいですか？

. . . .

⑨ 往復の切符を買えますか？

. . . .

⑩ 大田まで大人2枚、お願いします。

語句	공항	「空港」	어디	「どこ」
	버스	「バス」	많이	「たくさん、多く」
	～번	「～番」	왕복	「往復」
	전철	「電車」	～까지	「～まで」
	어느쪽	「どちら」	어른	「大人」
	표	「切符」	～장	「～枚」

공항가는 버스는 어디에서 타요?
コンハンガヌン　ボスヌン　　オディエソ　　タヨ

몇 번 버스예요?
ミョッポン　　ボスエヨ

전철로 갈 수 있어요?
チョンチョルロ　カルス　　イッソヨ

어느쪽이 더 빨라요?
オヌチョギ　　ド　　パルラヨ

표 사는 법을 모르겠는데…
ピョ　サヌン　ポブル　　モルゲンヌンデ

어디에서 환승해야 돼요?
オディエソ　　ファンスンヘヤ　　デヨ

내려서 많이 걸어야 하나요?
ネリョソ　　マニ　　コロヤ　　ハナヨ

몇호선 타면 돼요?
ミョトソン　タミョン　　デヨ

왕복표 살 수 있어요?
ワンボクピョ　サルス　　イッソヨ

대전까지 어른 2장이요.
テジョンカジ　　オルン　ドゥジャンイヨ

① すみません、ちょっとお聞きしますが…

② ロッテデパートは、どちらに行けばいいですか？

③ 歩いて行けますか？

④ 歩くと何分ぐらいかかりますか？

⑤ 明洞聖堂はここから遠いですか？

⑥ 見つけやすいですか？

⑦ 近くに両替できる銀行はないですか？

⑧ 日本語が可能な観光案内所はどこにありますか？

⑨ 迷子になったようなんですが…

⑩ ここに入力をお願いできますか？〔スマホのマップ画面に〕

語句			
말씀	「お言葉」	여기	「ここ」
좀	「ちょっと」	은행	「銀行」
백화점	「デパート、百貨店」	일본어	「日本語」
어느쪽	「どちら」	관광	「観光」
몇 분	「何分」	안내소	「案内所」

죄송합니다, 말씀 좀 묻겠는데요…
チェソハムニダ　　マルスム チョム　ムッケッヌンデヨ

롯데백화점은 어느쪽으로 가면 돼요?
ロッテベッカチョムン　　オヌチョグロ　　カミョン　デヨ

걸어서 갈 수 있어요?
コロソ　　カル　ス　イッソヨ

걸으면 몇 분 정도 걸려요?
コルミョン ミョップン チョンド コルリョヨ

명동성당이 여기에서 멀어요?
ミョンドンソンダンイ　ヨギエソ　　　モロヨ

찾기 쉽나요?
チャッキ シィムナヨ

근처에 환전하는 은행 없나요?
クンチョエ ファンジョンハヌン ウネン　オムナヨ

일본어 가능한 관광 안내소가 어디 있나요?
イルボノ　カヌンハン クァングァン アンネソガ　　オディ　インナヨ

길을 잃은 것 같은데요…
キルル　イルン　ゴッ カットゥンデヨ

여기에 좀 입력해 주시겠어요?
ヨギエ　チョム イムリョッケ　チュシゲッソヨ

① 予約をお願いします。

② 日本語、できますか？

③ 今日一泊したいのですが。

④ 禁煙ルームでお願いします。

⑤ ちょっと到着が遅くなりそうなんですが、大丈夫ですか？

⑥ ちょっと早いんですが、入れますか？

⑦ チェックアウトして荷物を預けられますか？

⑧ 部屋にカギを置いて出てきました。

⑨ 他の部屋に変えられませんか？

⑩ もう一泊、延長できますか？

語句			
예약	「予約」	방	「部屋」
일본어	「日本語」	다른	「他の、別の」
오늘	「今日」	하루	「1日」
금연	「禁煙」	연장	「延長」
짐	「荷物」		

예약 부탁합니다.
イェヤク　プタカムニダ

일본어 가능하세요?
イルボノ　カヌンハセヨ

오늘 1박하고 싶은데요.
オヌル　イルバカゴ　シップンデヨ

금연 룸으로 부탁해요.
クミョン　ルムロ　プタケヨ

좀 늦게 도착할 것 같은데, 괜찮아요?
チョム ヌッケ　トチャッカルコ　カットゥンデ　クェンチャナヨ

좀 이른데, 들어갈 수 있어요?
チョム イルンデ　トゥロガル　ス　イッソヨ

체크아웃하고 짐 좀 맡겨도 될까요?
チェクアウッタゴ　チム チョム マッキョド　デルカヨ

방에 키를 두고 나왔어요.
パンエ　キルル　トゥゴ　ナワッソヨ

다른 방으로 바꿔줄 수 없나요?
タルン　パンウロ　パクォジュル　ス　オムナヨ

하루 더 연장할 수 있나요?
ハル　ド ヨンジャンハル ス　インナヨ

① 一番近い郵便局はどこですか？

② 郵便局は何時からやっていますか？

③ 銀行は何時までですか？

④ 切手をください。

⑤ これをEMSで送りたいのですが。

⑥ 速達で送りたいのですが。

⑦ 船便だと、どれぐらいかかりますか？

⑧ 送金を受け取りたいんですけど。

⑨ 日本の銀行のキャッシュカードですが、お金を引き出せますか？

⑩ 両替をお願いします。

語句			
제일	「一番」	우표	「切手」
우체국	「郵便局」	속달	「速達」
어디	「どこ」	송금	「送金」
몇 시	「何時」	일본	「日本」
～부터	「～から」	돈	「お金」
은행	「銀行」	환전	「両替」

제일 가까운 우체국이 어디예요?
チェイル　カカウン　ウチェグギ　オディエヨ

우체국은 몇 시부터 해요?
ウチェググン　ミョッシブト　ヘヨ

은행은 몇 시까지예요?
ウンネンウン　ミョッシカジエヨ

우표 주세요.
ウピョ　ジュセヨ

이거 EMS로 부치고 싶은데요.
イゴ　イエムエスロ　プチゴ　シップンデヨ

속달로 부치고 싶은데요.
ソクタルロ　プチゴ　シップンデヨ

배편이면 얼마나 걸려요?
ペピョニミョン　オルマナ　コルリョヨ

송금을 받고 싶은데요.
ソングムル　パッコ　シップンデヨ

일본의 은행 현금카드인데, 돈 찾을 수 있나요?
イルボンネ　ウンネン　ヒョングムカドゥインデ　トン　チャヂュルス　インナヨ

환전 부탁합니다.
ファンジョン　プタカムニダ

① 熱があります。

② 頭が痛いです。

③ 頭と喉が痛いです。

④ 風邪のようです。

⑤ 昨夜からお腹が痛かったです。

⑥ ちょっと吐き気がします。

⑦ 全身がかゆいです。

⑧ じんましんが出ました。

⑨ アレルギー症状のようです。

⑩ 体が重いです。

語句			
열	「熱」	배	「お腹」
머리	「頭」	약간	「ちょっと、若干」
~하고	「~と」	온몸	「全身」
목	「のど」	알레르기	「アレルギー」
감기	「風邪」	몸	「体」

열이 있어요.
ヨリ　イッソヨ

머리가 아파요.
モリガ　アパヨ

머리하고 목이 아파요.
モリハゴ　モギ　アパヨ

감기인 것 같아요.
カムギインゴッ　カッタヨ

어젯밤부터 배가 아팠어요.
オジェッパムブト　ペガ　アッパッソヨ

약간 구역질이 나요.
ヤッカン　クヨクチリ　ナヨ

온몸이 간질간질해요.
オンモミ　カンヂルカンヂルヘヨ

두드러기가 생겼어요.
トゥドゥロギガ　センギョッソヨ

알레르기 증상같아요.
アレルギ　チュンサンガッタヨ

몸이 무거워요.
モミ　ムゴウォヨ

① 大変！

② 財布をなくしました。

③ ここに置いていたパスポートがなくなりました。

④ スリにあったみたい。

⑤ 誰か、助けてください！

⑥ なんですか？〔なんでこんなことするの？〕

⑦ 離して！

⑧ 日本大使館に連絡してください。

⑨ 救急車を呼んでください。

⑩ 警察を呼んでください。

語句			
지갑	「財布」	일본	「日本」
여기	「ここ（に）」	대사관	「大使館」
소매치기	「スリ」	연락	「連絡」
누구	「誰か」	구급차	「救急車」
왜	「なぜ、なんで」	경찰	「警察」

큰일났어요 !
クニルナッソヨ

지갑을 잃어버렸어요.
チガブル　　イロボリョッソヨ

여기 놔둔 여권이 없어졌어요.
ヨギ　ナドゥン　ヨクォニ　　オプソジョッソヨ

소매치기 당했나봐요.
ソメチギ　　　タンヘンナバヨ

누구 좀 도와주세요 !
ヌグ　チョム　トワジュセヨ

왜 그러세요 !
ウェ　　クロセヨ

놓으세요 !
ノウセヨ

일본 대사관에 연락 좀 해주세요.
イルボン　　テサグァネ　　ヨンラク　チョム　ヘジュセヨ

구급차 불러 주세요.
クグプチャ　　プルロチュセヨ

경찰　불러 주세요.
キョンチャル　　プルロチュセヨ

＜付録＞

基本単語

私・僕、わたくし	나、저	ナ、チョ
私たち	저희	チョイ
名前	이름	イルム
学生	학생	ハクセン
主婦	주부	チュブ
友達	친구	チング
恋人	애인	エイヌ
家族	가족	カジョク
日本人	일본사람	イルボンサラム
韓国人	한국사람	ハングクサラム
中国人	중국사람	チュングクサラム
アメリカ人	미국사람	ミグクサラム

父 〔お父さん〕	아버지 〔아버님〕	アボジ 〔アボニム〕
母 〔お母さん〕	어머니 〔어머님〕	オモニ 〔オモニム〕
兄弟	형제	ヒョンジェ
姉妹	자매	チャメ
両親、父母	부모님	プモニム
夫	남편	ナムピョン
妻	아내	アネ
祖父 〔おじいさん〕	할아버지 〔할아버님〕	ハラボジ ハラボニム
祖母 〔おばあさん〕	할머니 〔할머님〕	ハルモニ ハルモニム

会社員	회사원	フェサウォン
公務員	공무원	コンムウォン
店員	점원	チョムォン
運転手	운전기사	ウンジョンギサ
エンジニア	엔지니어	エンジニオ
教師	교사	キョサ
先生	선생님	ソンセンニム
医師	의사	ウィサ
弁護士	변호사	ピョノサ
美容師	미용사	ミヨンサ
俳優	배우	ペウ
歌手	가수	カス

今日	오늘	オヌル
明日	내일	ネイル
あさって	모레	モレ
しあさって	글피	クルピ
昨日	어제	オジェ
おととい	그저께〔그제〕	クジョケ〔クジェ〕
先おととい	그그저께	ククジョケ
今週	이번 주	イボン チュ
来週	다음 주	タウム チュ
再来週	다다음 주	タダウム チュ
先週	지난 주	チナン ジュ
先々週	지지난 주	チジナン ジュ

今月	이번 달	イボンタル
来月	다음 달	タウムタル
再来月	다다음 달	タダウムタル
先月	지난 달	チナンダル
先々月	지지난 달	チジナンダル
今年	올해	オレ
来年	내년	ネニョン
翌年	다음 해	タウメ
去年	작년	チャンニョン
おととし	재작년	チェジャンニョン
昔	옛날	イェンナル
かなり前	오래 전	オレジョン

さっき	아까	アカ
先ほど	조금 전	チョグムジョン
数日前	며칠 전	ミョチルジョン
数週前	몇 주 전	ミョッチュジョン
この前	얼마 전	オルマジョン
一日	하루	ハル
誕生日	생일 생신　※敬語	センイル センシン
結婚記念日	결혼 기념일	キョロン　キニョミル
国民の祝日	국경일	ククキョンイル
夏休み	여름 방학	ヨルムパンハク
冬休み	겨울 방학	キョウルパンハク
時間	시간	シガン

そして	그리고	クリゴ
それから	그리고 나서	クリゴ ナソ
それでは	그러면	クロミョヌ
だから	그러니까	クロニカ
しかし	그러나	クロナ
でも	하지만	ハジマン
けれども	그렇지만	クロッチマン
ところが	그런데	クロンデ
また	또	ット
では	그럼	クロム
むしろ	오히려	オヒイリョ
よって	따라서	タラソ

多い	많다	マンタ
少ない	적다	チョクタ
広い	넓다	ノプタ
狭い	좁다	チョプタ
甘い	달다	タルダ
辛い	맵다	メプタ
塩辛い	짜다	チャダ
苦い	쓰다	ッスダ
暑い	덥다	トプタ
寒い	춥다	チュプタ
暖かい	따뜻하다	タトゥタダ
涼しい	시원하다	シウォナダ

易しい	쉽다	シプタ
難しい	어렵다	オリョプタ
おもしろい	재미있다	チェミイッタ
楽しい	즐겁다	チュルコプタ
うきうきと楽しい	신난다	シンナンダ
なつかしい	그립다	クリプタ
うらやましい	부럽다	プロプタ
辛い、苦しい	괴롭다	ケロプタ
寂しい	쓸쓸하다	スルスルハダ
気分がいい	기분이 좋다	キブンイ ヂョッタ
気分が悪い	기분이 나쁘다	キブンイ ナップダ
疲れた	피곤하다	ピゴナダ

行く	가다	カダ
来る	오다	オダ
食べる	먹다	モクタ
飲む	마시다	マシダ
買う	사다	サダ
売る	팔다	パルダ
（～に）乗る	（～를）타다	（ルル）　タダ
（～に）会う	（～를）만나다	（ルル）　マンナダ
質問する、たずねる	묻다	ムッタ
答える	대답하다	テダパダ
電話をかける	전화를 걸다	チョンファルル　コルダ
タバコを吸う	담배를 피우다	タンベルル　ピウダ

話す	말하다	マラダ
聞く	듣다	トゥッタ
読む	읽다	イクタ
書く	쓰다	ッスダ
教える	가르치다	カルチダ
習う	배우다	ペウダ
あげる	주다	チュダ
もらう	받다	パッタ
開ける	열다	ヨルダ
閉める	닫다	タッタ
作る	만들다	マンドゥルダ
切る〔はさみで〕	자르다	チャルダ

とても	아주	アジュ
真に、本当に	참	チャム
本当に	정말로	チョンマルロ
たくさん、いっぱい	많이	マニ
少し、ちょっと	좀〔조금〕	チョム〔チョグム〕
たぶん	아마（도）	アマ（ド）
必ず、きっと	꼭	コック
どうか	부디	プディ
よく、頻繁に	잘	チャル
頻繁に	자주	チャジュ
急に	갑자기	カプチャギ
あまりにも	너무	ノム

駅	역	ヨク
ホテル	호텔	ホテル
銀行	은행	ウネン
郵便局	우체국	ウチェグク
スーパー	마트	マトゥ
コンビニ	편의점	ピョニジョム
カフェ	카페	カペ
公園	공원	コンウヌ
会社	회사	フェサ
学校	학교	ハッキョ
アパート	아파트	アパトゥ
トイレ	화장실	ファジャンシル

デパート	백화점	ペカチョム
ブランド物	명품	ミョンプム
試着する	시착하다	シチャカダ
気に入る	마음에 들다	マウメ ドゥルダ
高い	비싸다	ピサダ
安い	싸다	ッサダ
お金	돈	トン
小銭	잔돈	チャンドン
カードで支払う	카드로 지불하다	カドゥロ チブラダ
値切る	깎다	カクタ
プレゼント、贈り物	선물	ソンムル
包装、ラッピング	포장	ポジャン

コンサート	콘서트	コンソトゥ
音楽会	음악회	ウマケ
祝賀会	축하회	チュカフェ
結婚式	결혼식	キョロンシク
同窓会	동창회	トンチャンフェ
歓迎会	환영회	ファニョンフェ
歓送会	환송회	ファンソンフェ
送別会	송별회	ソンビョルフェ
バザー	바자회	パジャフェ
忘年会	송년회	ソンニョフェ
会食	회식	フェシク
引っ越し祝いパーティー	집들이	チプトゥリ

晴れる〔晴れ〕	맑다〔맑음〕	マクタ〔マルグム〕
曇る〔曇り〕	흐리다〔흐림〕	フリダ〔フリム〕
雨が降る	비가 오다 (내리다)	ピガ オダ (ネリダ)
雨が上がる	비가 개이다	ピガ ゲイダ
暑さ	더위	トウィ
寒さ	추위	チュウィ
風が吹く	바람이 불다	パラミ ブルダ
雷が鳴る	천둥이 치다	チョンドゥンイ チダ
雪が降る	눈이 오다 (내리다)	ヌニ オダ (ネリダ)
台風が上陸する	태풍이 상륙하다	テプンイ サンニュカダ
湿度が高い	습도가 높다	スブドガ ノブダ
湿度が低い	습도가 낮다	スブドガ ナッタ

起きる	일어나다	イロナダ
寝る	자다	チャダ
電気をつける	불을 켜다	プルル キョダ
電気を消す	불을 끄다	プルル クダ
電話に出る	전화를 받다	チョナルル バッタ
Eメールを 送る	E메일을 보내다	イメイルル ボネダ
コピーをする	복사하다	ポクサハダ
ピアノを弾く	피아노를 치다	ピアノルル チダ
テニスをする	테니스를 치다	テニスルル チダ
旅行をする	여행을 가다〔하다〕	ヨヘンウル カダ〔ハダ〕
花見をする	벚꽃놀이를 하다	ポコンノリルル ハダ
ダイエットする	살을 빼다	サルル ペダ

顔を洗う	세수를 하다	セスルル　ハダ
歯をみがく	이를 닦다	イルル　タクタ
化粧をする	화장을 하다	ファジャンウル　ハダ
化粧を落とす	화장을 지우다	ファジャンウル　ヂウダ
髪をとかす	머리를 빗다	モリルル　ビッタ
髪を束ねる	머리를 묶다	モリルル　ムクタ
髪をほどく	머리를 풀다	モリルル　プルタ
髪を洗う	머리를 감다	モリルル　カムタ
手足を洗う	손발을 씻다	ソンバルル　シッタ
マニキュアを塗る	매니큐어를 바르다	メニキュオルル　バルダ
ひげを剃る	면도를 하다	ミョンドルル　ハダ
爪を切る	손톱을 깎다	ソントブル　カクタ

ご飯を炊く	밥을 짓다	パブル　ヂッタ
おかずを作る	반찬을 만들다	パンチャヌル　マンドゥルダ
スープを作る	국을 끓이다	クグル　クリダ
料理を温める	음식을 데우다	ウムシグル　デウダ
皿洗いをする	설거지를 하다	ソルゴジルル　ハダ
洗濯する	빨래하다	パルレハダ
洗濯物を干す	빨래를 널다	パルレルル　ノルダ
アイロンがけする	다림질하다	タリムジルハダ
食事の買い物をする	장을 보다	チャンウル　ボダ
部屋を片づける	방을 치우다	パンウル　チウダ
掃除機をかける	청소기를 돌리다	チョンソギルル　トルリダ
家を掃除する	집안 청소를 하다	チバンチョンソルル　ハダ

味つけする	간을하다	カヌルハダ
味見する	간을보다	カヌルボダ
焼く	굽다	クプダ
焼く〔フライパンで〕	부치다	プチダ
炒める	볶다	ポクタ
揚げる	튀기다	ティギダ
蒸す	찌다	チダ
あえる	무치다〔버무리다〕	ムチダ〔ボムリダ〕
ゆでる	삶다	サムタ
切る〔包丁などで〕	썰다	ッソルダ
剥く〔ミカンなど〕	까다	ッカダ
剥く〔リンゴ、野菜〕	깎다	カクタ

著者
李明姫 (イ・ミョンヒ)
韓国ソウル生まれ。東京外国語大学院修士課程修了。通訳・翻訳に携わる。
著書：『日常韓国語の基本の基本フレーズが身につく本』『日常韓国語会話フレーズ Best 表現 1100』
『たったの 72 パターンでこんなに話せる韓国語会話』『韓国語会話フレーズブック』（以上、明日香
出版社）、翻訳：『魂創通 危機を生きぬくビジネスリーダーのおしえ』『黒く濁る村』（AC クリエイト）

韓国語が 1 週間でいとも簡単に話せるようになる本

2024 年 7 月 17 日　初版発行
2024 年 8 月 26 日　第 3 刷発行

著者	李明姫
発行者	石野栄一

発行　　ｆ明日香出版社
〒 112-0005 東京都文京区水道 2-11-5
電話 03-5395-7650
https://www.asuka-g.co.jp

カバーデザイン	株式会社ヴァイス　目黒眞
本文デザイン	末吉喜美
本文イラスト	朴秀濱、杉原しあん
印刷・製本	株式会社フクイン

たったの 72 パターンで
こんなに話せるフィリピン語会話

佐川 年秀

「〜はどう？」「〜だといいね」など、決まった基本パターンを使い回せば、フィリピン語で言いたいことが言えるようになります！　好評既刊の『72 パターン』シリーズの基本文型をいかして、いろいろな会話表現が学べます。

本体価格 1800 円＋税　B6 変型　〈216 ページ〉　2017/05 発行　978-4-7569-1904-5

たったの 72 パターンで
こんなに話せる韓国語会話

李 明姫

日常会話でよく使われる基本的なパターン（文型）を使い回せば、韓国語で言いたいことが言えるようになります！　まず基本パターン（文型）を理解し、あとは単語を入れ替えれば、いろいろな表現を使えるようになります。

本体価格 1800 円＋税　B6 変型　〈216 ページ〉　2011/05 発行　978-4-7569-1461-3

たったの 72 パターンで
こんなに話せる台湾語会話

趙 怡華

「〜したいです」「〜をください」など、決まったパターンを使い回せば、台湾語は誰でも必ず話せるようになる！　これでもうフレーズ丸暗記の必要ナシ。言いたいことが何でも言えるようになります。台湾語と台湾華語（公用語）の 2 言語を併記。

本体価格 1800 円＋税　B6 変型　〈224 ページ〉　2015/09 発行　978-4-7569-1794-2